クセジュ】

ローマ帝国

帝政前期の政治・社会

パトリック・ル・ル著
北野徹訳

白水社

目次

大西洋
ヒベルニア
エボラクム
ブリタニア
アグリピエンシス・コロニア
フランク族
サクソン族
下ゲルマニア
ベルギカ
ルグドネンシス
アラマン族
マルコマンニ族
ヴァンダル族
サルマタエ族
上ゲルマニア
クアディ族
カルピ族
ゴート族
アクィタニア
ラエティア
ノリクム
ウィンドボナ
ルグドゥヌム
③
②
アクィレイア
パンノニア
ダキア
メディオラヌム
ナルボネンシス
①
サルミゼゲトゥサ
カスピ海
ルシタニア
タラコネンシス
メリダ
タラッコ
コルシカ
イタリア
ダルマティア
モエシア
黒海
コルドゥバ
ローマ
トラキア
ポントゥス
アルメニア
バエティカ
バレアレス島
サルディニア
マケドニア
ビュザンティウム
ニコメディア
ビテュニア
ニカエア
ガラティア
カッパドキア
マウレタニア・ティンギタナ
イオイ・カエサリア
キルタ
ヒッポ・レギウス
カルタゴ
アシア
マウリ族
ヌミディア
シチリア
アカイア
アテナイ
エフェスス
キリキア
アンティオキア
ペルシア
マウレタニア・カエサレンシス
ランバエシス
ハドルメトゥム
パルミラ
クテシフォン
ガエトゥリ族
シリア
地中海
クレタ
キプロス
ダマスクス
バビュロン
カエサリア
ボストラ
レプティス・マグナ
トリポリタニア
キレナイカ
アレクサンドリア
パレスティナ
アラビア
エジプト
ブレンミアエ族
紅海
① アルプス・マリティマエ
② アルプス・コッティアエ
③ アルプス・グライエス・エ・ペンニネス
0 500 km

序文

紀元前二七年、正式にローマ帝国が誕生した。しかし、その終焉は、さまざまな点から判断して、アラリクス率いるゴート族がローマを奪取した四一〇年か、ゲルマン人のたび重なる攻撃によって西ローマ帝国の皇帝が廃位になった四七六年である。実のところ、正確にローマ史を時代区分することは難しい。ローマ史は、第二次ポエニ戦争後のローマを基準にしないと理解できないうえに、統一性が認められるのは政治史だけだからだ。帝政末期がほとんど異なる史料に依拠していることを考慮すると、ローマ帝国の研究は帝政前期と呼ばれている古典期に限定される。確かに、ほぼ三世紀をかけて世界を統治する制度が定められ、強制された。当初から、帝国の建設の他者性を強調すべきであるとしても、われわれも、ある程度、この帝国の統治制度を継承している。ヘレニズム諸王国が与えた影響も否定できないが、ローマ帝国と、私的な性格を有するヘレニズム王国との類似点はごくわずかにすぎない。ローマ帝国は、領邦国家でも絶対王政でもなく、人民独裁でも全体主義体制でもなく、歴史上、特異な構造をもっていた。その枠組みは、単純にこれといったモデルに準拠しているわけではない。のちにヨーロッパで誕生する王政もローマ帝国であると主張したが、ローマ帝国を再現することはできなかった。「ローマ帝国」という言葉についてはいろいろ不完全な定義をすることは可能であるが、ローマ帝国を理解するには、それらの定義を組みあわせて用いる必要がある。誰もがローマ帝国を知っていると思っているが、この帝国を理解するのはまさに至難の技なのである。しばらく、大英帝国やフランス帝国と似ているという間違った考え方を取り除かねばならない時期が続いた。今日、時代錯誤の罠を仕掛けているのは、アメリカ帝国である。

「共和政」と比較検討すると、「ローマ帝国」は、ほぼ、皇帝たちによって統治されたローマが支配した歴史の一時期を指している。ローマ帝国という言葉だけでは君主政的権力を行使する制度と領土の一形態を指しており、それには伝統的な貴族主義の価値観、正統性の源泉たる公法、ローマ市や属州のエリートたちの思考方法と調和した宗教観が結びついている。地理的観点からは、ローマ帝国は都市と地方共同体の集合を再編成したものであり、都市や地方共同体は、その大半がローマ社会という型にはまった社会関係のネットワークで統合され、それぞれが個性をもち、階層化されて文化的に交雑し、そのうえ、つねに変化する社会をつくっていた。最後に、「ローマ帝国」という概念には、専門外の人にとっては、ローマ市民権を普及させ、ラテン文学により伝えられた高尚な価値をもつ文明を開化させた方法が含まれる。しかし、この文明には、円形闘技場での非人道的な競技、奴隷制度の永続、さらには、戦場を見捨てるや規律を失って狭量になる兵士の粗暴な性格という特徴があったことも忘れてはならない。

ここ三〇年来、あらゆる領域で研究が増えた。とくに、過去にローマ帝国に編入されたことがある近代国家のレベルで、研究が増加したのである。主として、伝存するラテン語やギリシア語の貴重な文字伝承から情報を汲みとる研究が続けられている。なかでも各種史料の突合から革新が生まれている。史料としては、いわゆる「文学テクスト」に加えて、法史料、碑文（ラテン語やギリシア語の碑文に限定されない）、パピルス文書、貨幣、芸術史、図像学、建築、モザイク、それに考古学の発掘で出土した各種の遺物がある。考古学の遺物は、文化の交流・借用・移転はもとより、職業や技術の問題も歴史に組みいれた。ローマ帝国の歴史を書くことは、今日、逆説である。すなわち、問題は、読者にますます親しみにくくなりつつある世界を、情報源や知見の深化・多様化にもかかわらず、理解しやすくすることにあるからだ。年代順の主な歴史的発展や解釈の修正に重点を置くことが大切である。こうすることによって、不確実な点、不明瞭な点、不足している点が残っていることを隠すべきではない。一見明快と思われる叙述は、歴史の専門家に求められている、異質で不連続なデータのなかに関連性を見いだして解釈するという、根気を要する慎重な組み立てを黙殺してしまうからである。

政治や軍事の面の出来事を叙述する歴史は便利で不可欠な枠組みであり、多極化したローマ世界の変容を叙述するとき明確な連続性を与えてくれる。権力の行使と領土の統治や行政は、中心市による支配、帝国内部の組織や諸々の関係に関する中心市の見方を反映している。先に起こった出来事を抜きにしては、都市や地方共同体の地位や役割を正確に評価できないだろうし、私的生活、宗教、再生または革新された伝統の融合に隠されている適合・創意・交雑という現象の規模や複雑さも正確に評価できないであろう。ローマの支配には賛美する者と信奉する者しかいなかった。周縁地域では対抗する勢力が、内部では反対を唱える集団が、ローマの支配によって築かれた文明《フマニタス》と競合していた。

第一章　ローマ帝国またはローマの支配

　ローマ帝国は紀元前二七年よりまえにも存在していたし、オクタウィアヌスがアントニウスとクレオパトラに対し二度の大勝（紀元前三一年九月二日のアクティウムの陸海での大勝と紀元前三〇年八月一日のアレクサンドリア陥落と不運なアントニウスとクレオパトラの自殺で終わった大勝）を収めるまえにも存在していた。「元老院による共和政」（レピュブリーク・セナトリアル）は、前二〇一年にハンニバルに勝利して以来、いかなる競合大国にも地位を譲らないと決意した「帝国的共和政」（レピュブリーク・インペリアル）に変質した。ヘレニズム諸王国との長期の戦争に巻きこまれ、カルタゴに勝利して以降、根気を要するイベリア半島の征服に取りくみ、つねに遠くへ、つねに資源と人を求めて、拡大しなければならなかった。帝国的支配（ドミナシオン・インペリアル）の政策は、制度の均衡をふたたび危殆に陥れた。すなわち、野心的な将軍たちが開始した内戦から、君主的権力が徐々に姿を現わしたからである。これら将軍たちは、全市民の合意形成に役に立たない元老院にほとんど配慮しようとはしなかった。アウグストゥス帝による帝国の誕生は、一部では、造営された建造物の威圧的な荘厳さが強い印象を与えたが、征服活動の終了も、また磐石な平和の確立も意味していなかった。内戦、それに伴う暴力沙汰や痛ましい競争は、ローマの拡大を脇道にそらせたにすぎない。ローマの拡大は、皇帝が躊躇したにもかかわらず、中断されずに継続された。それ以降、皇帝だけが主導権を握ることになり、かつてローマを完全に支配しようとする野心家たちの欲望に委ねられていた領土拡大を、皇帝は比較的うまく制御することができた。当初から帝国の内政と外交の歴史は密接不可分であった。アウグストゥス時代の軍事的危機がこれを充分証明している。軍事的危機はローマの支配と皇帝の権力を壊滅させなかったが、ある時期、弱体化させたからである。

Ⅰ　ローマの世界支配

ローマ帝国の歴史では戦争が中心であるが、ギリシアの歴史とて同じである。ローマ帝国は何世代もかけてローマ国民とその敵の血・勇気・戦闘によって築かれた。したがって、戦争が終わった段階ではなく、戦闘行為が二の次となった段階から論じはじめるのは筋がとおっている。「ローマの平和《パックス・ロマーナ》」のおかげで、何十年ものあいだ、帝国の最も危険な地域にいたるまで、古代の人びとから最も進歩していると考えられていた人びとのあいだで政治・社会・文化が発展した。間違っていたのは、長いあいだ、このいわゆる「幸福な」時代がほぼ完成の域まで達したと考え、つづく数世紀が修復しがたい衰退をもたらしたと非難したことである。ローマ帝国は、他の時代と同じように、無責任な二項対立的な思考に基づいた解釈の遊びに陥《おちい》ってはならない。

1　帝国へ

もともと、世界の征服は予定の行動ではなかった。ローマは、イタリアで徐々にライバルを圧倒していったのと同じように、必要ならどこでもみずからの権益を守るのが使命だと考えていた。勢力の拡大にともない、ローマ市民は征服した領土を懸命に開発し、支配した。ローマの軍隊は治安を維持し危険を排除する責務を負っていた。危険が拡大すれば、ローマそのものにも重大な結果を及ぼすおそれがあったからだ。ポエニ戦争によって、ローマの元老院議員が報復を要求しライバルの寛恕を拒否したことがあらためて示された。紀元前一四六年のカルタゴ市の破壊は、属州アフリカの設置によって一区切りがつき、史料によれば、ローマ人の恐怖心がなくなり、活力が回復した。不敗にして敵対する勢力がいないローマの支配という概念は、紀元前一三九年と紀元前一三三年にケルティベリ地方の都市ヌマンティア〔スペインの現ソリア近郊〕で英雄的な抵抗に遭っても微動だにしなかった。

高貴な家系出身の貴族ティベリウス・グラックスは、小規模地主の自由農民を復活させようとした。このような農民が減れば、ローマによる支配の維持が危殆に瀕するおそれがあったからである。ローマの軍団は、伝統的に、土地（財産《ケンスス》）の所有により等級が決められた農民を徴募することによって編成されていた。プロレタリアート化した農民――最小限必要な土地も失い、子供がいれば、それが唯一の財産と考えられた農民――は、兵士徴募の基礎となる例年実施される兵員登録からも除外されていた。徴兵制度は、戸口調査によって五等級のいずれかに登録されたすべての市民に対し、十七～四十六歳のあいだに最小限の期間、兵役に服する義務を課していた。農地法は護民官グラックスの反対陣営の激しい抵抗にあったが、適用された。その結果、軍団強化の基礎となる小地主が大集団に再編成されるよりも、都市が二つの陣営――平民を支持する陣営と危機的状況にあると考えられていた元老院貴族の支配を支持する陣営――に分裂した。それが明確になったのは、紀元前一〇七年、新人〔祖先に執政官経験者がいない家系出身の元老院議員〕のガイウス・マリウスが執政官《コンスル》に選出され、所有地の価額を基準として定められた等級に基づかないで、志願順に市民を徴兵したときのことである。志願兵制は、これが最初ではなかったが、事実上、選抜徴兵制におき換えられた。将軍も俸給の支給を約束しなければならなかった。ティベリウス・グラックスが軍団要員の人的ストックをつくるため行なった土地の再分配によって、いまや、国家に対する兵役の義務が裏付けられた。

「同盟市戦争」（紀元前九一～八八年）――「市民戦争」ともいう――によって、志願兵制が決定的になった。この戦争によってローマ市民が大幅に増加したので、志願兵制が成功を収め、大将軍たち、すなわち凱旋将軍《インペラトル》たち、の信望ある軍隊が生まれた。属州に治安維持のためおかれていた伝統的な軍隊のかたわらに、指揮官の能力を引きだし、軍隊を勝利（戦利品と報償の源）へ導く強力な征服の装置が誕生した。ガリアで八年かけて編成されたカエサルの軍隊はその完成モデルであるが、唯一のモデルではない。凱旋将軍《インペラトル》カエサルは、比較的広い領土を素早く平定することによって、征服に新たな活力と新たな次元を与えた。これら成功の余勢を駆って、権力を要求した。政敵たちが抵抗したので、一か八かの賭けに出た。紀元前四九年三月、指揮下にあった軍団とともにラヴェンナとリミニのあいだを流れるルビコン川という小川で画されていた管轄属州の境界を越え、内乱を始めたが、最終的にこの内乱の犠牲者となったのはカエサルであった。紀元前四四年三月十五日（イドゥスの日）、彼が政敵ポンペイウスの影像のそばで暗殺されたことは、独裁を基盤とし、反対勢力を配慮せず、急遽押しつけた権力の掌握が失敗であったことを物語っている。カエサル主義、すなわち、個人的権力（プヴワール・ペルソネル）によってローマの帝国的支配を行なったのは、カエサルが最後ではなかった。スエトニウスが帝政最初の一二人の皇帝の伝記をカエサルから書きはじめたのは偶然ではない。そのうえ、オクタウィアヌスはカエサルの養子であった。

2 平和と戦争

アウグストゥス帝が登場したとき、ローマ帝国（五頁の地図参照）は地中海の東西両側に広がっていた。その核であったイタリアのほかに、領土として二〇ほどの属州があった。それに加えて従属国（王、土豪、同盟国）があり、表向き自由が残されてはいたが、帝国の完全な一部と考えられていた。共和政や帝政の再編成は、新しい知的秩序、世界的な権力の行使と世界秩序に関する新しい合理的な概念に基づいていた。すなわち、伝統や過去は、全般的な再検討の対象となり、復活したローマの支配に永続可能な前代未聞の基礎を与える独創的合成の対象となった。ギリシアやアレクサンドロス大王を継承するローマは、「人が住んでいる世界《オイクメネ》」の主《あるじ》であり、混沌と無秩序をもたらす内外の蛮族に直面して、平和と文明を保証していた。蛮族を漸次文明化した帝国へ統合することは、ローマの支配いかんにかかっていた。平和も帝国の拡大に貢献したのである。

戦争はなくならなかった。紀元九年のトイトブルグの惨事は、呪われた三軍団（これ以降第十七軍団～第十九軍団を廃止）の大敗に終わり、「果てしなき帝国」という概念には慎重と警戒が必要なことが明らかになった。アウグストゥス帝の常備軍は、当初二八軍団、ついで二五軍団と定められ、おそらくその要員を上回る兵員を有する補助軍（全兵員の五五～五九パーセントを占める）を伴っていた。これらの軍隊は、地域ごとに定められた、攻撃を受けるリスクと投入可能兵力の評価に関する考え方に基づいて配置されていた。東方では、主たる目標はパルティアの平定であった。西方では、徐々にゲルマン諸部族が制圧され、吸収された。アフリカ北部では、遊牧民と山岳部族を犠牲にして征服が継続された。ユリウス＝クラウディウス朝（紀元前二七年～後六八年）で目立つのが、属州の新設である。すなわち、ブリタニア、アルプス諸地域、ラエティアとノリクム、ダルマティア、パンノニアとモエシア、トラキア、ガラティア、リュキア＝パンフュリア、キリキア、ユダヤ、キュレナイカ、マウレタニア・カエサリエンシスとマウレタニア・ティンギタナという属州を設置することによって、支配領域が拡大した。

一見そうと思えないが、皇帝の軍事活動が増えたのは、フラウィウス朝（六九～九六年）とアントニヌス朝（九六～一九二年）においてである。一般的にいって、ブリタニア、ゲルマニア、ドナウ川沿岸、それに東方において、ローマの拠点が前進した。タキトゥスの岳父アグリコラの遠征の成功によって、「ハドリアヌスの長城」（一二二年着工）が建造される道が拓《ひら》かれた。のちに、その一〇〇キロメートル北方に「アントニヌスの長城」（一四二年竣工）が構築される。ドミティアヌス帝は、ゲルマニアに代えて、上ゲルマニアと下ゲルマニアという二つの属州を設置した。同様に、モエシアを上モエシアと下モエシアに分割し、デケバルスを王に戴くダキア人の領土であるトランシルバニア地方に向け、ドナウ川に対して攻勢を開始した。トラヤヌス帝の二回に及ぶ遠征（一〇一～一〇二年と一〇五～一〇六年）によってダキア人は敗北を喫した。トラヤヌス帝は、属州ダキアのほかに、パンノニアとアラビアという二つの属州を設けた。さらに、パルティアを攻撃して、ティグリス川河岸の首都クテシフォンを占領し、属州アッシリアを設置したが、これは短命に終わった。ニシビス周辺に属州メソポタミアを設けたのは、属州アルメニアを設置したあとのことである。ハドリアヌス帝はこれらの属州を放棄した。その責任を究明することはけっして容易なことではない。ルキウス・ウェルス帝によるパルティア戦争は、一六二年にカッパトキア総督M・セダティウス・セウェリアヌスがアルメニアのキュレナイカで敗北したあと決定されたが、ただちに、パルティア王ウォロゲセス四世の好戦的態度だけが原因であったと結論することはできないだろう。二世紀と三世紀、紛争はローマの決定の結果であるのと同じく、敵が所与の機会に乗じて反発した結果でもあった。

3　政治の「鉄の時代」（ディオ・カッシウス）

マルクス・アウレリウス帝の治世（在位：一六一〜一八〇年）は、ドナウ川で一連の攻撃を受けたことによって動揺したが、なんとか撃退することができた。ドナウ川の彼岸にマルコマンニ属州を設置する計画は真摯な願望のままで終わった。コンモドゥス帝は休息の時間に恵まれたようだ。彼の狂気が原因で陰謀が横行する。一九二年十二月三十一日に同皇帝が暗殺されると、それが新たな内戦の引き金となった。この内戦から、一九七年二月、最終的にセプティミウス・セウェルス帝が勝利を収めた。この新しく就任した世界の主《あるじ》は、ローマの支配のイメージを回復するため、さらに活動を強化し、軍紀の確立と軍隊の効率向上に精力を傾注した。東方では、騎士身分の出身者が治める属州メソポタミアでローマ軍が前進した。それに反し、ブリタニアでの成果は芳しくなかった。皇帝は病《やまい》に伏し、エブラクム（現ヨーク）で他界した（二一一年）。アフリカ北部では平定作戦が続いていた。二一三年秋、カラカッラ帝は属州ラエティアでアラマンニ族との決戦に挑んでいるとき、約二十年間の休戦協定を締結し、そのあと、無鉄砲なことにパルティアに戦いを挑んで挫折した。急遽東方から帰還したアレクサンデル・セウェルス帝（在位：二二二〜二三五年）は、二三五年にゲルマン人との戦いに敗れ、夭折した。ローマ支配の版図が拡大していたので、以後半世紀のあいだ、帝国の外部勢力から同時に攻撃されることが多く、繰り返し襲ってくる攻撃に対処しなければならなかった。このような外敵の侵入によって皇帝自身の権力が毀損した。二六〇年にウァレリアヌス帝（在位：二五三〜二六〇年）がササン朝ペルシアのシャープール一世により捉まえられたことは、きわめて屈辱的な事件であり、帝政史における帝国の混乱ぶりを象徴している。この時点から暗澹たる時代が始まる。この時代「軍人皇帝時代」とか、大半の皇帝がイッリュリア地方出身者であったので「イッリュリア人皇帝の時代」と呼ばれる。軍隊出身の皇帝たちが抵抗しふたたび主導権を奪って、ディオクレティアヌス帝による革新への道を拓いた。

ローマ帝国《インペリウム・ロマヌム》（「インペリウム・ロマヌム」という言葉は権力を意味すると同時に領土も意味する）は、二一二年にカラカッラ帝によって「アントニヌス勅法（帝国内のほぼすべての自由人にローマ市民権を与えた勅法）」が発せられたあとは、ローマ市によって統合された多数の不均一な共同体の集合体であった。帝国の本拠地たるローマ市は統合の鎹《かすがい》であり、それに地方のエリートたちが共有する政治文明のモデルが加わった。外部から見ると、ローマ世界は恐怖の対象というより、羨望の的であった。さまざまな問題が蓄積していたので、ローマ人は何度も軍事力に訴えざるをえなかった。これが、ドナウ川やライン川の彼我《ひが》で暮らしていた敵の反発と、敗北を認めようとせぬ意思を掻きたてた。諸々の情勢から、「人が住んでいる世界」に対するローマの支配が依拠していた均衡は揺らいでいた。

Ⅱ　事実上の君主政

ローマの帝権は、カピトリヌス丘に鎮座するローマの公式の守護神ユピテルから兜と鎧を着けて生まれたのではない。皇帝の最高権力の基盤は軍事活動と戦勝にあったが、ローマの君主政は少々ナイル川、すなわち序列をつけようとしても明確につけることができない多数の泉が現実という地形に導かれて合流してできた川と似ていた。確固たる考えに基づいた計画も、成文化された基本法もない体制が成功を収めるには、アウグストゥス帝の人格と政治感覚がきわめて重要であった。さまざまな出来事が起こったにもかかわらず、皇帝が同等ならざる同僚制に依拠するという、予定していなかった方向へ展開していったことは、創建者アウグストゥスの柔軟性とプラグマティズムを示している。

1　成立

アウグストゥス帝が案出した「帝国的君主政」（モナルシ・インペリアル）は次の二つの側面を有する。共和政の諸制度を消滅させずに共和政を元首（市民の第一人者）の権威のもとにおいたという側面と、家長の周囲に糾合された一家族（皇帝の家族）が権力を独占したという側面である。内乱のおかげで、容易に共和政と縁を切ることができた。「元老院による共和政」（レピュブリーク・セナトリアル）の伝統も、定期的に市民が民会で投票するローマ流の政治活動の規則も、一挙に廃止されなかった。元老院とローマ市の平民、属州に住むローマ人、ローマ市またはその近郊に駐屯する軍隊、それに属州に駐屯する軍隊が示す反応を、皇帝は考慮しなければならなかった。このことは、最近スペイン南部のアンダルシア地方から出土した、紀元二〇年に元老院によりゲルマニクス毒殺と内乱扇動のかどで告発されたシリア総督グナエウス・ピソに関する元老院決議のテクスト（シアルム青銅版（『碑文学年報（AE）』一九八四年、五〇八））に明確に示されている。ローマ市の通常の構成メンバー――元老院議員、騎士身分の者、三五区《トリブス》に登録された平民――に対し忠誠を尽くしてくれたことに関して謝意が述べられているだけではなく、この判決《デクレトゥム》の掲示先として属州の州都や軍団駐屯地も挙げられている。ローマ当局は、ライバルたちが配下の軍隊の支持を得て謀反を起こすことを懸念していた。国家の統治には、帝国全土で市民の合意を形成することが不可欠であると考えられていた。

アウグストゥス帝は、必要な場合、妥協し、慎重な態度をとる術《すべ》を心得ていた。このような態度をとらないで、多くの反目や恨み節を黙らせることもあったが、それらを完全に剔除しようとはしなかった。一部の元老院議員の反対にもかかわらず、自分の権威を確立し、アウグストゥス家（ドムス・アウグスタ）――すなわち自分の利益に資するように親族で構成され拡大された家族（七〇頁の訳註参照）――の優位を明確化した。そのほか、社会や道徳の面では、元老院貴族の価値や父祖の遺風《モス・マヨルム》を再評価したし、改革が必要で、帝国の主《あるじ》の最高の意思でしか改革できない事項――統治組織、ローマ市や属州の行政、公式宗教、兵士という職業――については、実効性ある措置を講じ、改革した。紀元前四四年以降、カエサルの神格化に基づき皇帝礼拝が行なわれるようになったが、アウグストゥスは全治世を通してこれを慎重に練りあげた。宗教の面でも、再建された共和政における皇帝の法的地位にふさわしい地位を皇帝に与える必要性があったので、存命中のアウグストゥス帝に対して最高審議官神祇官という宗教上の顕職が与えられた。これは一四年八月十四日にカンパニア地方のノラで逝去したあとの死後の神格化を準備するものであった。皇帝礼拝は、ローマの公式宗教の、皇帝に関する部分にほかならなかったのである。アウグストゥス帝は、神々によって選ばれた覇者であり、遺言に基づくカエサルの相続人であると同時に、彼の養子であり、いかなる元老院議員も太刀打ちできない資産家であった。そのため、アウグストゥス帝は市民にもエリート層にも受けいれられる君主政の形態を創出するのに成功した。

2　適応

皇帝みずからが権力を行使する方法を決めていた。ティベリウス帝（在位：一四～三七年）以降、体制が問題視されることがなかったことは明らかである。カリグラ帝の常軌を逸した残虐性、クラウディウス帝（在位：四一～五四年）の奇癖、ネロ帝（在位：五四～六八年）の狂気は、これだけで、アウグストゥス帝が創設し、柔軟性と適応性をあわせもつ、頑強で巧妙な制度を危殆に陥れることはなかった。せいぜい、情勢が極度に険悪化したとき、公然とライバルが出現したにすぎない。元老院による陰謀が成功するには、近衛長官《プラエフェクトゥス・プラエトリア》、そしておそらくアウグストゥス家のメンバーと折り合いをつけておく必要があった。ティベリウス帝やクラウディウス帝が短気の犠牲にならずに自然死を遂げたことを確実に証明する証拠はない。カリグラ帝は二十八歳で暗殺された。ネロ帝は十三年間帝位にいたあと、六八年六月九日に三十歳で自殺に追いこまれた。いずれにしても、どの時代にも、実効性を伴わない徳義あふれる宣言はあったが、元首政の廃止をまじめに考える者は誰一人としていなかった。その結果、ネロ帝が他界したあと、一世紀来その亡霊が遠ざけられたと考えられていた内乱が発生した。指名された相続人がいない場合、前任者によって選ばれた後継者か、兵士の歓呼のあと万人の同意が得られた異論なき主《あるじ》がいないと、帝権を狙う者が多数現われた。ゲルマニア軍団は、ウェスパシアヌスを皇帝に推戴する東方の軍団に荷担したドナウ軍団に対抗して、みずからが擁立した候補者ウィテッリウスを勝利に導くことはできなかった。

ウェスパシアヌスが勝利を収め、新しい状況のもとで帝位に就いた（在位：六九〜七九年）。今度は、アウグストゥス帝と同じく、帝国とその秩序を再建しなければならなかった。この皇帝は出自がイタリアのサビニ地方のレアテ（現リエーティ）であり、ユリウス＝クラウディウス朝の皇帝たちのようにローマ市の出身ではなかった。きわめて精力的に活動していた属州エリートの要請に応えて、内戦で弱体化した部分を補強し、アウグストゥス帝によって構築された王政に愛着があることを再度強調した。いかなる反対勢力もこれを妨害しようとはしなかった。ローマ市の中心部に初めて建造された石造の円形闘技場コロッセウムは、「民衆の競技のために」（P・ツァンカー）建設されたのであり、皇帝が市民を念頭におき、ただ一人で、素晴らしい高価な記念建造物を建設できることを万人に顕示したのである。しかし、八〇年に一〇〇日間の連続興行で落成式を挙行し、記念コインを発行したのは、長男のティトゥス帝（七九～八一年）であり、竣工式を行なったのは、弟のドミティアヌス帝（八一～九六年）であった。ドミティアヌス帝の治世は、カリグラ帝やネロ帝の時代のような最悪の時代に逆戻りしたかと思われた。やがて皇帝の近親者や元老院議員は恐怖のなかで暮らすことになった。この皇帝がつねに自分に対して密かに陰謀が企てられているという妄想に憑《と》りつかれていたからだ。それでも、ドミティアヌス帝は、自分の権威と権力に託されたと考えられる神の徳を失うまいとして、帝国を安定した平和な状態に維持した。行政や都市法の面では父親の業績を継承した。のちにトラヤヌス帝はドミティアヌス帝が着想したいくつかの施策を活用した。

九六年九月十八日、ドミティアヌス帝が暗殺され、すでに高齢のネルウァが帝位に就いた。この皇帝がトラヤヌス帝（在位：九八～一一七年）を養子とし、共治帝としたことによって、初めて属州出身の元老院議員が皇帝に就任することになった。M・ウルピウス・トラヤヌスは、属州バエティカのイタリカ（セヴィリア近郊の現サンティポンセ）の出身であったからだ。後世の人がこの皇帝に対して抱くイメージは、傑出した征服者のイメージであり、その栄光はローマ中心部にある広大なトラヤヌスの広場《フォルム》に建つトラヤヌス記念柱に刻まれている。この皇帝は一一五年から一一七年にかけて、属州キュレナイカやアレクサンドリアで、そしておそらく属州ユダヤにおいても、ユダヤ人の反乱に対処しなければならなかった。先頭に立つべき運命を背負っているイタリアに再度活力を与えようとして元老院を尊重したので、トラヤヌスは養子縁組成功の象徴であり、元老院のエリートたちにいわせると、良き政府を担保していた。

3　さまざまな試練に耐えて

トラヤヌス帝は養父ネルウァが開いたアントニヌス朝の絶頂期の到来を告げた。ハドリアヌス帝（在位：一一七～一三八年）とアントニヌス・ピウス帝（在位：一三八～一六一年）は平和を具現化し、ローマ文明を見事に開化させた。この文明にはエリートの富と威信が高度な文化と調和していた。他方、哲人皇帝マルクス・アウレリアヌスは最も不幸な皇帝として通っている。当時、帝国はあいついで久しく経験していなかった災難——疫病の蔓延、高い死亡率と低い出生率、大被害をもたらす外敵の急襲と脅威、皇帝僭称者の出現、経済的不況——に見舞われていたからである。高貴な血筋の生まれの皇子コンモドゥスは、父の意見にも、ドナウ川の対岸に対して攻勢を主張する一派の見解にも組《く》みしなかった。帝国の命運よりも神がかった妄想に気をとられ、みずからすすんで円形闘技場の興行に出演し、ヘラクレスの姿で演技するのを好んだ。陰謀によって彼の狂気に歯止めが掛けられた。彼の顧問官や高官は不評を買ってはいなかった。

元老院議員ディオ・カッシウスの表現によれば、セウェルス朝は帝政の「鉄の時代」(『ローマ史』七二、三五、二)――「黄金時代」と対極にある時代――のようであった。しかし、当時、活動的で尊重に値する政権を復活させることが優先され、元老院議員やその末裔が犠牲になったことは明かである。国家は再度君主政に資するよう見直され、ローマ市や帝国の支配を復興するために資源が投入された。人口や貨幣の状況は改善が見られず、前時代の延長線上にあった。おそらく、いくつかの属州はこの時代ほど繁栄したことはなかったであろう。その一例が属州アフリカである。皇帝の目から見ると、外交問題が内政より決定的に重要であったことは明らかだ。凱旋・勝利・版図拡大が、何にもまして重要であり、栄光とそのときどきの情勢から着想された政策以外に政策がなかったことを強調している。失敗は高価な代償を伴った。多くの地域で戦争の脅威が迫ってきていた。少しまえから属州の軍隊ではもはや戦争に充分対処できなくなっていた。

マクシミヌス・トラクス(在位:二三五~二三八年)が皇帝に就任したことによって、軍人皇帝時代の到来が告げられた。アフリカおよび文民エリートたちの反抗によって、ゴルディアヌスたち(一世~三世)が政権の座に就いた(在位:二三八~二四四年)(一一四~一一五頁参照)。一息つくことができたのは短期間にすぎない。苛酷にも、敗北の悪循環に僭称を育《はぐく》む軍団の猜疑心が伴うという状況が生まれはじめた。二三五年から二八四年まで、ベッドの上で死んだ皇帝は一人もいなかった。短い間隔でライバルが出現し、内戦が起こる。皇帝はますます危険な職業となった。国境では同時発生的に襲撃が繰り返されたので、帝国・政府・行政の構造そのものが弱体化した。帝権を保護し、ついで帝権を温存するため、意思決定の集中化と権力の権威主義的性格が強化された。帝権はまさに属州の統合を保証していたが、分割され、さらに君主政化し、従来にもまして神々とその介入に注意しなければならなかった。都市ローマは皇帝たちを魅惑する地ではなくなっていた。

帝政前期が終了した年代については、完全に満足できるものはない。二三五年、二六〇年、二八四年はそれぞれ、それなりに帝政前期の下限ということができる[1]。だからといって今日では、帝政前期が、衰退の運命にある帝政後期の対極に位置しているとは考えられてはいない。突然の断絶を招かずに変化が生じた。四世紀の帝国は二世紀の帝国を継承しており、偉大な過去をいささかも放棄していないが、もはや完全に同じ姿ではなく、同じ野心をもってはいなかった。天国の住民という目に見えない世界との関係も、同じではなかった。

（1）二三五年はマクシミヌス・トラクス帝（最初の軍人皇帝）の登位年、二六〇年はガッリエヌス帝（機動部隊を創設した皇帝）が単独統治を開始した年、二八四年はディオクレティアヌス帝（専制君主政を開始し、帝国中興の祖ともいわれる皇帝）の登位年〔訳註〕。

第二章　「人が住んでいる世界」の統治

ローマ帝国は都市のレベルではローマ市の帝国をそっくりそのままひき写したものであった。内部にいかなる法形式の領土原則もなく、中央集権化した国家でもなかったので、厳密にいって、ローマ帝国という歴史的構築物にはしかと確定した境界はなかった。アウグストゥス帝は熟慮のうえ帝権を築いたが、それは当時知られていた世界を描きなおす絶好の機会であった。中央に位置するローマ市は、イタリアと属州に囲まれていて、気候温暖な地域の中心を占めている。その外側の地域は僻遠の地であっても往来可能と考えられており、組織上、ローマ市の共和国的支配と均衡を保とうとしていた。政治の秩序は自然の秩序を反映しており、政治の秩序から生まれた調和は神々が望む平和に反映されていた。権威が一人の人物に集中されていたので、つねに分散するおそれがある大集団ではあったが、まとまりは維持されていた。ローマ市の壮麗なこと、これが全世界に対しローマ市が世界の頭であることを知らしめていた。

度を越した内戦が繰り広げられたあと、ローマ帝国に服した領土には安定が必要であった。新たな合理性も不可欠であった。人口調査、社会階層の分類、財政改革、空間の統合、効率的な意思決定に対する配慮、これらがイタリアと属州における行政サービスに関する新しい考え方を示していた。管理し、検査し、熟考し、比較考量し、配分することは、いまや、よりよき統治の技術と方法を追求するための基礎的条件であった。

I 皇帝

皇帝——元老院議員の第一人者——は万事を決定することができた。アウグストゥス帝は、このことを、マルスの野にある自分の墓廟の入口に立つ二本の柱に刻ませる予定の『アウグストゥスの業績録《レス・ゲスタエ》』のテクストで明言している。皇帝は、「元老院議員《パトレス・コンスクリプティ》」が失っていた権威《アウクトリタス》（精神的・政治的優越性）をそなえており、貴族主義的伝統の遺産（父祖の遺風（モス・マイヨルム））を自分と親族のためのものとし、その伝統の名において皇帝の職責を担っているのだと主張した。公職者、元老院、民会に集う市民からなる共和政は、帝国の主《あるじ》の監督のもとで機能していた。ティベリウス帝の治世に行なわれたピソの裁判に関する元老院の判決は、アウグストゥス帝の精神にふさわしい「国家警備隊《スタティオ・プロ・レ・プブリカ》」のイメージを利用している。皇帝は「持ち場《スタティオ》」——軍事的意味の持ち場——に就き、ローマ市の仕事の順調な運営を監督し、それを保証していた。政府が積極的または消極的姿勢のいずれをとるかは、皇帝の個人的関与の度合い、行動様式、人格、国政に対する関心の程度によって決まった。

1　皇帝の権力

皇帝にはすべての地位を与える必要があった。皇帝に与えられた前代未聞の法的特権の原型として使われたのがローマ市の諸制度である。権力の独占は命令権《インペリウム》と護民官職権(1)に依拠していた。実際に帝国の体裁が整ったのは紀元前二三年になってからである。かの有名な紀元前二七年一月十三日の元老院の会合から前二三年まで、アウグストゥス帝はローマ市では執政官、軍隊が配備された幾つかの属州では総督であった。同僚制の制約を受けない護民官職権が与えられた代わりに執政官職を放棄したので、命令権の定義が変更された。すなわち、アウグストゥス帝、この皇帝だけが、ローマ市の宗教的空間である領域《ポメリウム》の中にいるときでも、合法的に軍事上の権限を保持できたのである。そのかわり、帝国全土では護民官職権に依拠していた。このような制度の根幹に接木《つぎき》されたのが、伝統的なさまざまな公職に由来し、これら公職と競合する、戸口調査、風紀、宗教、法案提出、公有地や属州の管理、司法に関する権限であった。制度の上では、共和政《レス・プブリカ》が皇帝の用に供されていたのである。

(1) 皇帝は、一〇人の同僚がいる護民官に選出されずに、護民官からその職権だけを抽出した護民官職権が与えられた。その結果、皇帝は護民官がもつ拒否権と神聖不可侵権を有することになった〔訳註〕。

法律で定められた規則だけでは充分ではない。皇帝は法律上貴族たちの野心を気にしなくてよい唯一の軍司令官であったが、今度は神々に対しても支援を要請した。神に支援を求めても、気を悪くする者は誰もいない。紀元前一二年にレピドゥスが他界するや、アウグストゥス帝は最高神祇官《ポンテイフエクス・マクシムス》を皇帝のみが就任できる公職とし、国家の宗教に関する意志決定の中心に位置づけた。国家が一人支配に適合するよう改められたのと同じように、宗教制度も、神々に選ばれた恭順《ピエタス》の点で模範的な人物である皇帝に固有の領域を与えることによって再建された。皇帝礼拝によって、神的ではないが、超人的な権力のイメージが生まれ、神々の平和が維持されることになった。ローマの権力は、存命中の皇帝や逝去後神格化された皇帝を介して、不可視の世界と密接に繋がっており、ローマの市民共同体や帝国の住民のために、不可視の世界に対して援助と保護を求めた。他界した皇帝は神と混同されることはなかった。神々と会話を交わせる特権は、帝国を所持する皇帝が個人的に優越した存在であることの証《あかし》であった。皇帝という人物に凝縮されていたのは、ヘラクレス的と考えられる職務執行にまつわる威信、ならびに宗教的性格を帯びた驚異的な威力のイメージである。「アウグストゥス家」（ドムス・アウグスタ）は神格化の影響を受け、順当に神の親戚、すなわち「神の家」（ドムス・ディウィナ）へと発展した。

それにもかかわらず、帝政はいかなる点でも僭主政や絶対王政と似ていなかった。管見では、年が経つにつれ諸々の手続きが統合されていったにもかかわらず、皇帝の権限やその委譲方法を定めた組織法は存在しなかった。共和政の構成要素が制度のツールとしてまとめられたことはなく、皇帝権力の行使が皇帝の無謬性を確信する警察に支えられたプロパガンダの管理に帰することもなかった。市民精神は呪術によって廃れることはなかったし、戦闘員をもたない貴族相互の争いもなくなってはいなかった。威信・尊敬・人気・感謝はきわめて重要であり、国民・都市・祖国の利益を尊重する皇帝の役にたった。皇帝が信任されたのは、元老院・平民・軍隊がその職にふさわしく行動していると思われているときだけであった。恐怖政治、専制政治、ローマ市における飢餓、度重なる敗戦という事態に見舞われると、皇帝は非業の死を遂げた。元老院は体制に順応するにつれ、表面的にはますます毅然とした態度をとらなくなったので、陰謀が育《はぐく》まれるおそれがあった。皇帝を神格化するか、逆に、皇帝を「記憶の抹消」（スエトニウス）〔『ドミティアヌス伝』二三〕の対象にするかの最終判断は元老院議員たちが握っていた。若すぎる皇帝や経験不足の皇帝は、信望あるベテランの執政官経験者を充分警戒しなければならなかった。彼らは新しい党派のリーダーに選ばれる可能性があったからだ。しかし、後継者が指名されていない場合や帝国の周縁地域で発生した軍隊の反乱で権力の空白が生じた場合を除くと、政治の指導者たちはみずからの態度を表明する術をもっていなかった。いずれにせよ、内乱を、望ましい解決策とも、最良の結末とも考えていなかった。制度の性質が問題だったのではない。野心溢れる人物は皇帝になることしか夢見ていなかった。というのは、直系卑属が後継者になるのがルールであるとは、どこにも書かれていなかったからである。しかし、実際には、危機の場合を除くと、皇帝は現任の皇帝の親族からしか選ばれなかった。皇帝はたんなる国家の代表でもなければ、他の人物よりも熱意をもった活動家でもなかった。軍人精神や好戦的精神を宣揚することがきわめて重要であった。

「皇帝の宮殿」（アウラ・カエサリス）から、特定の形に収まらない君主政を解明するための補足情報を得ることができる。もはや宮廷の存在を否定しようと考える人はいないが、ルイ十四世時代のヴェルサイユ宮殿をモデルとした宮廷を想定する人もいない。共和政時代に貴族の邸宅で培《つちか》われていた伝統がアウグストゥス時代の宮殿やそのあと諸々の事件の発生に伴って建設された宮殿の出現に寄与した。ヘレニズム諸王の影響も一定の役割を演じた。それゆえ、宮廷を意味する言葉として、ギリシア語から借用された「アウラ」という言葉が使われたのである。この言葉はもともと邸宅の入口を入ったところにある「露天の中庭」を意味していたが、のちに邸宅の「中央部にある中庭」を意味するようになった。パラティヌス丘（宮廷（palace, palais）の語源となった）にある邸宅の周辺で皇帝と市民が意見を交わす独特の制度が生まれた。ウィテリウス帝はまさに「帝権の砦《アルクス・イムペリイ》」（タキトゥス『同時代史』三、七〇）によるとパラティヌス丘の邸宅のこと）を放棄したとき、退位した。スエトニウスの作品では、ギリシア語の「アウラ」という言葉のほうがラテン語の「ドムス」（「家」、「邸宅」の意）という言葉よりも多く出てくる。すでにアウグストゥス時代から、宮廷には、いくつかの意思決定機関がおかれているだけではなく、二つの社会階層――平民と貴族階級（元老院議員と騎士身分の者）――の出入りが認められていた。朝きわめて早くから、たんなる一市民が、例外的ではあるが、朝の伺候《サルタティオ》に出席していたとの証言が遺されているからである。元老院が閉会しているとき、元老院議員たちは定期的に宮廷で催される会食に招待された。元老院議員とともに、騎士身分の者も招待された。このような風習が生まれたのは一世紀のことである。宮廷的な追従の風潮が広がる。皇帝の友臣《コミテス》に階層が生まれ、ハドリアヌス帝の時代にそれが固定化した。伺候と出入りの許可とが区別されたので、側近や賓客と、簡単な儀礼的訪問しかできない者とが区別された。最高の栄誉は皇帝の寝室《クビクルム》に出入りできることであったが、これが許されている者は数が限られていた。カリグラ帝とドミティアヌス帝は、強制こそできなかったが、宮廷の儀式でのパエヌラ（頭巾付きのコート）の着用、「皇帝＝神」の面前での廷臣の跪拝《プロスキネシス》を奨励しようとした。新しい宮殿のドミティアヌス帝が「ユピテルの食堂《ケナティオ・ヨウィス》」と名づけた部屋で催される晩餐に招待されることは、一種の特権と考えられていた。いくつかの重要な場合に限られていたが、宮廷は元首とその家族が優越した存在であるというイメージの形成に寄与した。宮廷が衆目を集めるようになり、フォルム・ロマヌムやユリウス元老院会議場《クリア・ユリア》の座を奪った。

2　皇帝の職務

皇帝の職務は高度になった。人と時代によって差はあるが、皇帝たちはさまざまな形でこの職務に忙殺されていた。スエトニウスによれば（『ウェスパシアヌス伝』二一）、ウェスパシアヌス帝は時間の使い方を古典的な方法で二分していた。原則として、夜明け前から昼寝（ほぼ一四時）までの時間を帝国と国家の活動にあてた。そのあと、通常のリズムにしたがって私的に行動し、正真正銘の宴会《コンウィウィウム》の予定がなければ、午後の半ばに食堂《トリクリニウム》で食事をとった。以上はほんの一例にすぎない。ローマ市を離れて移動・旅行・遠征している場合、近衛長官、顧問官か友臣《コミテス》、さらには補助職員をひき連れ、書類を携行させていた。皇帝は謁見を行ない、裁判を指揮し、計画を立案し、病気の治療さえ行なった。これは、しだいに増加してゆく軍事問題に忙殺されていない時代のことである。ローマ市や意思決定の場だけで権限を行使していたのではない。皇帝は、巡察中でも、彼の在所で執務した。

　仕事に関心をもっていない皇帝はいなかった。多数の請願や帝国の資産管理について次から次に回答することだけが皇帝の仕事であったと考えてはならない。執務規則もつねに系統的に定められていたという状況にはほど遠かった。皇帝は特定分野の能力に秀でた顧問から情報を入手し、意見を聴取した。法学に関する皇帝顧問会委員《コンシリアリウス》という公式の肩書はマルクス・アウレリウス帝以前にはなかったようだ。当初は家僕、のちになると大半が元老院議員や騎士身分の者で構成された皇帝の官房《オッフィキナ・パラティナ》がさまざまな書類や指令書を起案した。官房には、法務調査担当《ア・コグニティオニブス》、陳情担当《ア・リベッリス》、書簡担当《ア・エピストゥリウス》、会計担当《ア・ラティオニブス》、公文書複写担当《ア・メモリア》（二世紀末）がいた。ハドリアヌス帝は、決裁する際、多くの場合、書類とか備忘録《コメンタリイ》を参照していた。ディオ・カッシウスによれば（『ローマ史』七三、二四、二）、一九二年の宮廷の火災によって、戸籍や市民権に関する大半の文書、それに軍隊の名簿や昇進表が皇帝の住居に保管されていたことが暴露された。通常、政治は恣意的な意思に基づいて運営されていなかった。

　皇帝は指令《マンダトム》を発した。なぜなら帝国全体を統括していたからだ。その指示を受けとったのは、属州総督、軍隊や遠征軍の司令官、財務担当の管理官《プロクラトル》(1)である。法律の起草は、伝統的には公職者の発議に委ねられており、法案は民会に提出された。元老院も決議《デレクトゥム》（すなわち元老院決議〔セナトゥス・コンスルトゥム〕）をする。この決議は執政官や護民官に引きつがれ、技術的意味での法律、すなわち市民によって票決された決定となることがあった。従来の手続きを中止するのではなく、つねに法の精神を抜本的に修正することによって、皇帝は徐々に力関係を変えていったにすぎない。前時代に専管していた公法分野の立法活動がますます減少していったことを忘れてはならない。私法の分野では、ハドリアヌス帝の時代まで、法務官が出す告示《エディクトゥム》が権威をもっていたが、アウグストゥス帝からセウェルス朝皇帝の登位までは、元老院の活動が充実し、増えた。皇帝たちは民会の大半の活動を元老院に移管した。しかしながら、市民があらゆる法的手続きから遠ざけられたのは、もっとのちのことである。突如、皇帝が唯一の法源になったわけではない。それに反し、元首は徐々に法の解釈を独占してゆき、顧問官や法律顧問の助言をえて皇帝の法規範を公布した。この法規範の形成過程は、告示《エディクトゥム》、勅答《レスクリプトゥム》、判決《デレクトゥム》、書簡《エピストゥラ》、元老院での演説《オフテイオ》によって追跡することができる。セウェルス朝は、法の「国家管理」、ならびに皇帝顧問会《コンシリウム》の権威に基づいて法の中央集権化を確立した。それでも、皇帝は、自分が定め、新たな合理性を付与するのに関わった法や法律に服した。

(1) 皇帝によって任命された騎士身分の行政責任者の総称。とくに財務や皇帝領の管理の責任者および皇帝属州の総督に任命された〔訳註〕。

皇帝の服装には決まったものはなかった。どのような姿でも一つの姿だけでは、皇帝の職務や威厳《マイエスタス》を象徴することはできなかった。彫像、浮彫り《レリーフ》、コインが皇帝の姿を伝えている。公職者、軍の最高司令官、あるいは最高神祇官の姿で表現されることによって、それぞれ、みずから進んで判決を下す裁判、自分が先頭に立って率いているローマの無敵性、神によって選ばれたことを象徴する恭順《ピエタス》を具現していた。トガを着て、高官椅子（背凭れのない折り畳み式の簡素な椅子）――高い背凭れがある玉座《トロヌス》ではない――に座り、最高位の公職者として厚情と仁徳を示す。ローマへ帰還《アドウエントゥス》（遠征先からの帰国）する場合のように、上衣《トゥニカ》を着て、馬に跨り、軍用外套《パルダメントゥム》を羽織って、胸に勝利の女神を象徴するメダリオン〔円形の浮き彫り装飾〕が飾られた筋骨隆々とした金属製の鎧を着けて立ち、最高司令官《インペラトル》として帝国に対する脅威に休まず対処していることを想起させる。頭にヴェールを被り、パテラ〔犠牲式に用いる広口の杯〕と巻子本を手にもち、最高神祇官として恩寵を施し、守護神に対し尊崇の念を表わす。他界すると、英雄や神のように裸体を顕示する。裸体は神格化の象徴であり、神々と同等であることを表現している。これらがどう表現されていようと、さまざまな彫刻装飾から借用された持物が付けられており、権力が巧みに表現されていた。

コインに銘が刻まれていることは、遠隔地の住民や市民に皇帝の人物や職務に近親感をもたせる必要があったことを示している。どの皇帝も自分が好きな銘や像を選んだが、強制はしなかった。肖像あるいは胸像（マルクス・アウレリウス帝の時代から）がコインの価値を保証した。ときに「宣伝」や「イデオロギー」という言葉が使われることがあるが、これらの銘によって、帝国を「それ自体……のような」帝国と表現しようとしているとすれば、それは時代錯誤である。帝権が明らかに優越していることが表現されていさえすればよかったのである。帝権が優越していることは万人の知るところであり、明白であったからだ。虚言を吐いたり、隠蔽したりするのは、現任の皇帝の無能ぶりを示すものであったが、そんな詭計を弄しても、説得したり、教育したり、ましてや籠絡したりするのには、まったく役に立たなかった。信じるか信じないかは自由であったからだ。それに反し、皇帝は派手に行動しないと、地位にふさわしく行動していないことになった。そうでないと、皇帝が人びとに対して不安を抱かせることになったのだろう（P・ヴェーヌ）。

3　君主政的感情

国家的君主政（モナルシ・エタティーク）へ向かう徴候が数々あったが、ローマ帝国もまた個人的君主政（モナルシ・ペルソネル）にすぎなかった。アウグストゥス帝によって築かれた体制は万人の賛同を得ていた。しかし、ローマ帝国における皇帝に対する感情を本来の君主政における君主に対する感情と比較することはできない。おそらく、いかなるローマ人も、子供を労《いた》わる父親のように、善行を施し、徳を実践し、道徳規範を尊んで、いたるところに秩序と幸福をもたらそうとする大志――そうすべきであり、それが可能ならばのことであるが――を抱いていない皇帝など理解できなかった。皇帝には服従しなければならない。市民や兵士たちが皇帝に対して抱いている愛情は、各種の年祭が催される際に皇帝やその家族に対して表現された。アグリッパの子ガイウスとルキウス〔両人ともアウグストゥス帝の孫にして養子〕の死は哀惜された。他界が報ぜられるや民衆の怒りが爆発したゲルマニクス[1]の場合とまったく同じである。皇帝の施与によって、皇帝に対する愛情は維持された。しかし、皇帝の正当性が完全に認められていたわけではない。

（1）ティベリウス帝の弟ドルススと大アグリピナの子。ティベリウス帝のもとでパンノニアやゲルマニアで成果を挙げ、一二年に執政官となり、一三年には凱旋将軍として歓呼された。眉目秀麗であり、民衆からは絶大な人気を得ていた〔訳註〕。

ローマ市でも、人気があり国民の受けがよいことがきわめて重要であった。帝国の主《あるじ》に対する見方は平民・エリート・軍人のあいだで分かれていたかもしれない。タキトゥスや小プリニウスを読めばわかるように、帝権は、元老院議員たちの管理下におかれており、元老院議員は皇帝が貴族的徳――中庸や節度の感覚、人付き合いのよさ、気取りなさ、正義感、尊敬や恭順《ピエタス》、好戦的価値観への配慮――を具《そな》えているというのが好きであった。自分らに対して慇懃や親切といった礼儀《キウィタス》が欠けていると、市民たちは反発した。皇帝は遺産の継承者でも、王国の所有者でもなかった。帝国が健全そうに見えさえすれば、市民たちの期待は充たされた。無秩序に陥る危険、敗北の恐怖、度を超した奢侈や暴力、専制的な権威の行使、これらの徴候が認められるや、パラティヌス丘の主《あるじ》をお払い箱にする願いは正当と考えられた。軍事的責務から緊急を要するとき、兵士たちが世論を代行した。神々によって勝利がもたらされると、皇帝は兵士たちによって承認されたことになり、それは多少とも持続した。
帝権の宗教的側面、帝権就任によって皇帝に対しとくに神的な力が補充されたわけではない。ローマ帝国のような帝国の統治責任を担うには、超人的資質を具え、幸運（ラテン語で「フォルトゥナ」、ギリシア語で「テュケー」）に恵まれ、今日考えるほど遠い存在ではなかった神々の世界から一種の黙示の同意を得ていることが前提であった。皇帝礼拝は、熟慮のうえ案出された、人を誑《たぶら》かして服従させるための手段ではなかった。逝去し聖別された皇帝を神格化するという考え方は、素朴でもなければ、不誠実なものでもなかった。たとえ神々に列することが認められても、皇帝はユピテルやマルスと同等ではない。職務および理論上職務遂行の前提とされるすべての資質にふさわしく振舞うには、市民から格別尊敬されていなければならなかったし、そのような振舞いは威厳を与え、諸々の守護神に慈しまれたローマ市とローマ帝国の偉大さをさらに高めた。生存中の皇帝が逝去した皇帝に対して行なう皇帝礼拝は完全に公式宗教の一部であり、命令権《インペリウム》に服するという非合理的な感情ではなくて、世界を秩序があり宇宙の秩序に適合した形に保つために帝権と市民とのあいだで結ばれた微妙な関係を明確に定式化したものであった。

　皇帝がすべてを実施し管理することは不可能であるから、皇帝自身、つねに緊張とプレッシャーに晒されていた。状況によっては、「副帝《カエサル》」と呼ばれる下位の補助者（ウェスパシアヌス帝下のティトゥス帝、ネルウァ帝下のトラヤヌス帝）、または「正帝《アウグストゥス》」（プピエヌス帝下のバルビヌス帝、ウァレリアヌス帝下のガッリエヌス帝」という肩書きをもつ同僚を参画させることによって、しだいに、職務を分担する慣行が普及した。このような慣行は、帝位僭称者が同時に多数出現した軍事危機の時代に採用されることが多かった。元老院が皇帝をまったく掣肘できなくなった状況下では、権力の個人的独占よりも、国家機能の統一のほうが重要であった。戦争の危険にさらされ、参謀である軍司令官の監視のもと、特定の皇帝により具現された帝国は、市民から遊離してゆき、天国の主《あるじ》という最高の担保を求めようとする傾向があった。

Ⅱ　首都ローマ

アウグストゥス帝はローマ市を中心とした世界のイメージを確立した。征服によって世界の主《あるじ》となったローマ市は、唯一の首都、帝国の本拠地、さらには、支配し組織している領土の誰の目にもはっきりとわかる頭《かしら》であった。セプティミウス・セウェルス帝の時代までは、皇帝はローマ市で任命され、けっして他所では任命されなかった。帝政前期を通じて、ローマ市は、アエリウス・アリスティデスが述べているように[1]、当時知られていた世界のすべてのものまたはほぼすべてのものを蓄積し、集中し、詰め込んでいた。皇帝の計画に基づいて比類なき記念建造物で飾られたローマ市は、都市計画のモデルとして造営され、ついに法律上共通の故郷となった。国際性豊かで、帝国のほかの地と共生していたが、一都市にすぎないことをけっして忘れてはいなかった。

(1) ローマとスミュルナの市民権をもつギリシアの文人、弁論家で、第二次ソフィストの修辞学を代表する一人（一一七〜一八一年以後）。代表作の『ローマ頌詩』では属州民の立場からローマの帝国支配の巧みさを讃えた〔訳註〕。

1 再定義

アウグストゥス帝は、危機と内乱の時代に国家《レス・プブリカ》が都市の開発を充分管理していなかったことから、すべての結論を出した。ローマ市の空間は改造された。紀元前七年以降、「一四区からなるローマ市」といわれるようになり、ほぼ一四五〇ヘクタールの土地に、およそ一〇〇万人が暮らしていた。これには、おそらく、ローマ市の周辺部《コンティネンティア》は含まれていなかった。各区は町《ウイクス》に分割され、大プリニウスによると〔『博物誌』三、五、六六〕、合計二六五の町があった。法律上イタリアが統合されて以来、農村トリブスと都市トリブスという伝統的区分は意味を失っていた。事実上、都市部の平民が三五トリブスを吸収したことになり、ローマ市の平民はローマ市に住所をもっているかどうかで決まった[1]。このようになっても、急に、従前のトリブス区分が使われなくなったわけではない。簡略化のため、人の集団の構成よりも土地の広狭が優先された。行政が活動しやすく、かつ番号つきの一覧表を使いやすくするためである。帝国が強制した方法はローマ市の行政当局の厳格な管理に比較的適合していて、比較的効率がいいと判断されていた。各町で、辻神《コンピタ》とアウグストゥス帝の守護神《ゲニウス》に奉げられた四辻の競技——都市空間に

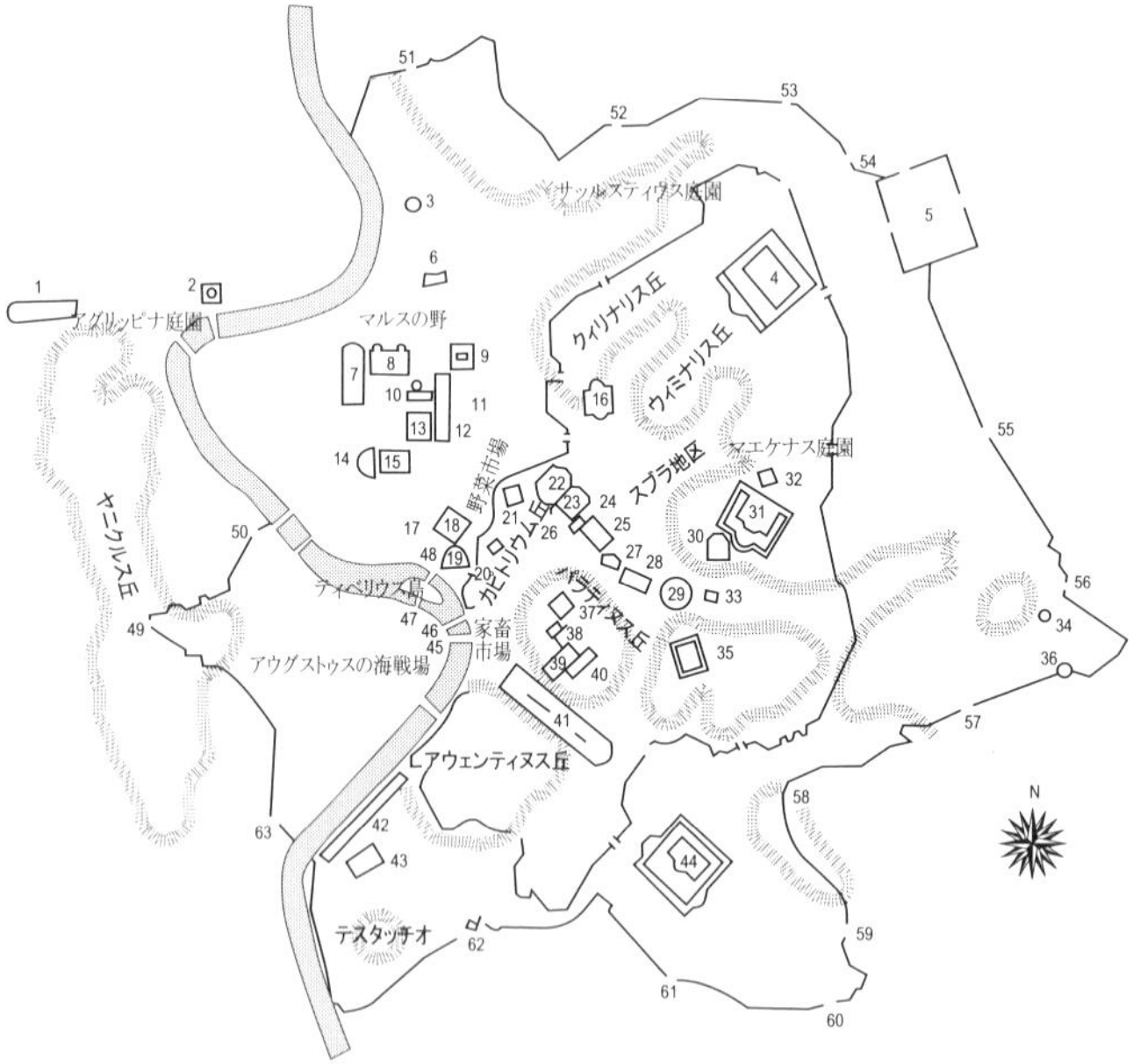
サッルスティウス庭園
マルスの野
アグリッピナ庭園
クィリナリス丘
ウィミナリス丘
野菜市場
スブラ地区
マエケナス庭園
カピトリウム丘
パラティヌス丘
ヤニクルス丘
ティベリウス島
家畜市場
アウグストゥスの海戦場
アウェンティヌス丘
テスタッチオ
N

帝政下のローマ市

1．カリグラ競技場
2．ハドリアヌス霊廟
3．アウグストゥス霊廟
4．ディオクレティアヌス共同浴場
5．近衛隊兵舎
6．アウグストゥスの日時計
7．ドミティアヌス競技場
8．ネロ共同浴場
9．ハドリアヌス神殿
10．パンテオン
11．イシス神殿
12．投票場（サエプタ・ユリア）
13．アグリッパ共同浴場
14．ポンペイウス劇場
15．ポンペイウス柱廊
16．コンスタンティヌス共同浴場
17．フラミニウス競技場
18．オクタウィア柱廊
19．マルケッルス劇場
20．至高至善のユピテル神殿
21．城砦
22．トラヤヌス広場
23．アウグストゥス広場
24．ネルウァ広場
25．平和の広場
26．カエサル広場
27．コンスタンティヌスのバシリカ
28．ウェヌスと女神ローマの神殿
29．コロッセウム
30．ティティウス共同浴場
31．トラヤヌス共同浴場
32．リウィア柱廊
33．剣闘士訓練所
34．ヘレナ共同浴場
35．軍隊用の円形闘技場
36．神皇クラウディウス神殿
37．ドムス・テイベリア〔ティベリウス宮殿〕
38．ドムス・フラウィア〔皇帝の公的宮殿〕
39．ドムス・アウグスタナ〔皇帝の私的宮殿〕
40．遊歩道（スタディオ）
41．大競馬場
42．アエミリウス柱廊
43．ガルバ倉庫
44．カラカッラ共同浴場
45．スブリキウス橋
46．アエミリウス橋
47．ケスティウス橋
48．ファブリキウス橋
49．アウレリウス門
50．セプティミウス門
51．フラミニウス門
52．プリンキアナ門
53．サラリア門
54．ノメンタナ門
55．ティブル門
56．プラエネステ門
57．アシナリア門
58．メトロニア門
59．ラティウム門
60．アッピウス門
61．アルデア門
62．オスティア門
63．ポルトゥエンシス門

おける皇帝のイメージを政治的・宗教的に統合する措置——が復活されたことによって都市の革新は完了した。つましい出自の町役人《マギステル・ウイコルム》（最下層の平民（「プレブス・インフィルマ」、あるいは解放奴隷のことが多い）によって結成された町の団体は、勤勉な下層民に対し、公共秩序を維持し、皇帝の記憶を長く保持させる役割を担っていた。

（1）共和政時代にローマ市でトリブス単位で実施されていた戸口調査に代えて、カエサルの時代に新たな戸口調査が地方都市単位で行われることになり、ローマ市でも町（ウィクス）ごとに実施されたという説を反映した記述と思われる（砂田徹『共和政ローマとトリブス制拡大する市民団の編成』、北海道大学出版会、二〇〇六年、二九〇～二九二頁参照）〔訳註〕。

皇帝は命令権《インペリウム》と護民官職権をもっていたので、合法的にローマ市の行政に介入できた。皇帝がこのような特権をもっていたので、公職者や元老院が管掌する由緒ある行政機関は完全に自治の意欲を失った。ローマ市の問題はあまりにも重大かつ政治的であったから、元老院議員たちに任すわけにはいかなかったのである。紀元前二六年に設置された九大隊からなる近衛隊《コルホス・プラエトリア》の長として二人の近衛長官が任命されたのは、紀元前二年になってからである。近衛長官は国家の安寧を監視し、権力機構に軍事部門が必要であることを想起させた。セイヤヌスの登場によって[1]、ようやくローマ市内のウィミナリス丘のノメントゥム門〔現ポルタ・ピア門〕の近くに近衛隊兵舎《カストラ・プラエトリア》が建設された。首都警備隊《コホルス・ウルバナ》はコンモドゥス帝の時代まで首都の防衛に関わっていたと思われる。前記した近衛隊と、のちに皇帝身辺警護騎兵《エクイテス・シングラレス》が設けられるまで配備されていたゲルマン人やヒスパニア人からなる皇帝の身辺警護隊を混同してはならない。皇帝が設けた部局には、新たに責任者が配置された。そのような部局としては、「水道局、公共建造物の管理保全局」や「テヴェレ川の河床および河岸の管理局」がある。消防や消火は夜警消防長官《プラエフェクトゥス・ウィギラエ》が管掌した。この長官は騎士身分の者から任命され、夜間の警備も担当する夜警消防隊七大隊（一大隊がそれぞれローマ市の二つの区を管轄）を統率した。首都長官《プラエフェクトゥス・ウルビ》は皇帝配下のベテランの元老院議員から任命され、おそらくティベリウス帝の時代から、昼間の警備を担当する首都警備隊を指揮することになった。

（1）セイヤヌスは一四年にティベリウス帝によって任命された近衛長官。同皇帝の子ドルススの死亡以降、政敵と目される人物を次々と排除し、絶大な権力を握ったが、三一年、皇帝の義妹小アントニアの皇帝に対する警告によって失脚し、元老院により死罪に処せられた〔訳註〕。

疫病の流行を伴う自然災害以外で、つねに皇帝の念頭から離れなかったのは、ローマ市という巨大都市に対する食糧供給の問題であった。紀元八年ごろ食糧の配給が開始された。食糧配給局（市民の豊かさと自由の象徴である基礎食料の穀物の給付）が設置される。首都の年間需要量は、穀物六〇〇〇万モディウス（四〇万トン）、オリーブ油三二万アンフォラ（二万二五〇〇トン）、ワイン一五〇〇万ヘクトリットルである。食糧政策が重要であったことは、アウグストゥス帝が公式のリストに登録された一五万〜二〇万人の有資格者に対して毎月行なっていた小麦の無償給付を廃止できなかった事実によって理解できる。ローマ帝国が存続するかぎり、この市民の特権は廃止されなかった。クラウディウス帝とトラヤヌス帝の時代にオスティアの北部に港が建設されたことは、社会の安定に重要であり、繰り返し発生する食糧問題をうまく解決しようとする皇帝の意思を強調している。フロンティヌスの指摘によると、上水を大量に供給できるかどうかは、つねに皇帝たちの関心事であった。

2 「皇帝たちの都市」

共和政の最後の世紀になって、ようやく首都の造営計画が始められたが、元首政の初期になると、新たな局面を迎えた（四二頁の地図参照）。首都の中心部——スブラ地区・アルギレトゥム街・ウェラブルム地区——では庶民の住居が減少した。完全になくなってしまったところもあった。それにかわって、帝国の威厳とローマの権勢を誇示する建造物が建てられた。日干し煉瓦の代りに、焼成煉瓦——都市計画用の新建材であり、建築の新しいコンセプトであった——が使用されるようになり、居住空間の減少に拍車をかけた。高層の集合住宅《インスラ》の快適度は文学テクストの記述から想像するよりも幅があり（比較的裕福な市民も多数高層集合住宅に住んでいた）、共同浴場や公衆便所が普及し、一階には料理店《タベルナ》が増えた。ドミティアヌス帝の治世になると、最後までパラティヌス丘およびその麓に残っていた貴族の邸宅が撤去を余儀なくされた。広い空間を必要とする戸建住宅《ドムス》はアウグストゥス帝によって定められた規制の対象とされており、この規則はほぼ遵守されていた。とくに、皇帝たちがローマ市の土地を買い漁ったことによって、貴族たちはエスクィリヌス丘（小プリニウスやフロンティヌスが居住）・クィリナリス丘・カエリウス丘・アウェンティヌス丘の、それほど騒がしくない住宅で満足した。戸建住宅が発達したことは、部分的に、私的生活への回帰が始まっていたことを意味している。富裕者が好んだのは郊外の別荘《ウィツラ》である。郊外には広い空間が残っていた。公園や庭園には東屋《あずまや》・浴場・娯楽場が造られた。皇帝の庭園《ホルトウス》（緑に囲まれた邸宅の庭園）も、見晴しの良さでは貴族たちの庭にひけを取らなかった。

皇帝たちは率先して数多くの建造物を建てたが、それだからといって私的な建築を禁止したわけではない。オクタウィアヌス、のちのアウグストゥス帝は、公共事業の実施を当初アグリッパ、のちに元老院級の経験豊かな監督官《クラトル》(1)に委かせることによって口火を切った。クラウディウス帝は皇帝の介入を強化し、そうすることによって建築・建設の資金および専門職の採用に関する元老院の介入を減らした。フラウィウス朝は行政と技術をますます政権に集中させたようだ。だからといって「オペラ・カエサリス」〔直訳は「皇帝の建設局」〕という常設の局《クラ》が設置されたことを意味するものではない。この言葉は、どの皇帝も実施しなければならなかった計画や施工に関する言葉と思われる。皇帝が投入できる資金は、元老院議員や騎士身分の者に比べて桁外れに多額であった。かつて公共工事がこれほど大規模に実施されたことはない。しかし、事業の計画や決定は恣意的に強制されたものではなかった。いくつかの史料が示唆しているように、財産の収用、記念建造物の性格と効用およびその美観は平民の反響を呼んだ。聖なる建造物の大半はかつての神殿の跡地に建てられた。用地と資金の問題が決め手であり、積極的に造営事業を行なったハドリアヌス帝を継いだアントニヌス・ピウス帝は、あたかも土地や資金が不足しているかのように行動したと考えられている。

（1）監督官は皇帝から特定の専門的な職務（道路建設・保全、食糧調達、ローマ市の水道事業、公共建造物の管理・補修、テヴェレ川や下水溝の管理など）を託された責任者の総称。公職者の職務から分離されたものが多い。執政官や法務官の経験者が任命され、管理官（プロクラトル）が騎士身分の者から任命されるのとは対照的である〔訳註〕。

とかく「表象の建築」（P・グロ）という表現が用いられることがある。記念建造物は、別の機能、すなわち「ランドマークとしての機能」をもっていた。道路標識がなく、ローマ市以外ならば実現できる碁盤目状の区画とはほど遠いプランの都市空間では、記念建造物は人びとが活動する際のランドマークが必要であった。皇帝たちの記念建造物の主な特徴は、もっぱらパラティヌス丘、それにフォルム・ロマヌム、カピトリヌス丘、クィリナリス丘、ウィミナリス丘、エスクィリヌス丘、カエリウス丘の周りの中心部に建造されたことだ。二番目の特徴は、ポンペイウスやカエサルのあと、計画的にマルスの野が活用されたことである。「皇帝たちの広場《フォルム》(1)」の建造によって、皇帝たちによって実施された政治的事業がローマ国民の期待どおりのものになった。これによって、過去の征服と現在の幸福に責任を担う新体制はますます名声と優越性を独占することになった。桁外れの建造物の造営という間接的な方法によって帝権を演出したことは、神々の同意とともに、国民のコンセンサスが得られたことを明確に示していた。建造物に壮麗な装飾が施されたことは、ローマ市の革新の一つであった。威風堂々とした神殿、前代未聞の規模を誇る共同浴場、見世物興行用の文字どおり「巨大な《コロッスス》」円形闘技場、それに大通りや柱廊、これらが巧みに開発された環境に収められている。大理石や目を見張るばかりの帯状装飾《レリーフ》で飾られた建造物はすべて、ローマ市が当時知られていた世界の主《あるじ》であり、皇帝がローマの偉大さと栄光を支配していることを示していた。個性ある記念建造物群に建築の面で関連性が認められるので、各人が各様に解釈できる演説をする際の象徴的効果が高められた。P・ツァンカーによると、ネロの「黄金宮」の代わりに建設され、トラヤヌスの共同浴場で補完されたコロッセウムの計画は、国民向けの娯楽がもつ重要な役割を完成された形で表現したものである。フラウィウス朝の円形闘技場そのものは、血なまぐさい競技が内部で繰り広げられ、外部へ出ることがなかったがゆえに、閉鎖された空間であった。しかし、円形闘技場は外部世界と切り離されてはいない。円形闘技場は階段席に社会階層がそっくりそのまま反映されているほか、回廊や通路網によって外部世界と結びついていたからである。

（1）カエサルの公共広場、アウグストゥスの公共広場、ネルウァの公共広場、平和の公共広場、トラヤヌスの公共広場を総称する（四二頁の地図参照）〔訳註〕。

3　政府の所在地

パラティヌス丘および皇帝の庭園《ホルトゥス》は、主《あるじ》、君主、神々に選ばれた者の住処《すみか》であった。他方、ローマ市や帝国の統治に使われていた建物は、独立した、はっきりと行政街とわかる区画を形成していなかった。役所とか、所長のもと皇帝配下の補助職員が配置された職場として使われる特別の建物はなかった。神殿やバシリカのような使用目的が明確な建造物でさえ、信仰や裁判だけに使われていたのではない。帝政期には、政府の所在地およびローマやその領土に関する提案を起草する部署の所在地を分散しておく必要があった。ローマ市およびイタリアの問題とそれ以外の世界の問題とは徐々に区別されるようになったが、ローマ市で起こっていることは、厳密にいって、ローマ市の空間のみに適用されたのではない。行政活動や処理すべき問題が増えた結果、行政の技術は進歩した。公文書の閲覧、情報や文書の交換、ますます精緻化する複雑な調査業務、従前の規則や関心が高まっていた判例との照合、市民・都市・共同体・兵士から提出された多数の請願に返答するニーズ、これらが複雑で難しい実務の内容であった。しかしながら、書類まみれの、息詰まる役所仕事が始まっていたことを示す兆候はない。

帝国の統治に対する元老院の参画は新しい局面を迎えた。フォルム・ロマヌムにある元老院会議場《クリア》は、慣例では、元老院が開催される場の一つにすぎなかった。議題の性質に応じて、臨時に、審議事項に効能をもつ神を祀った神殿で開催された。ポンペイウス元老院会議場（ポンペイウス劇場の背後にあった）は、紀元前四四年三月十五日《イドゥス》にカエサル暗殺の現場となって以来、使われなくなったようだ。しかし、帝政初期の皇帝たちは、突如、元老院をさまざまな会場で開催する慣行を廃止することはできなかった。皇帝は気が向くと元老院の会議に出席するか（ますます少なくなった）、あるいは「栄えある」会合には書簡を送った（ますます多くなった）。重要なのは、皇帝が礼儀正しく振舞ったことである。紀元一世紀を通じて、審議の場としては、通常「ユリウス元老院会議場《クリア・ユリア》」――火災のあとカエサルが修復したのでこの名称がついた――が使われる傾向があった。ティベリウス帝は公職者の選挙の権限を民会から元老院へ移管した。選挙は定期的に実施された。「元老院議員」たちは、皇帝の任命や神格化のほかに、皇帝やその親族に対して各種の栄誉（凱旋式の挙行、彫像建立、特別の賛辞）を与える役割を担っており、元老院議員に対しても同じ役割をもっていた。ドミティアヌス帝は、七月と八月がカエサルとアウグストゥスに因んだ名称に変更されていたことにならって、元老院から自分の名前を十月の名称とする権限を与えられた。財政問題、貨幣の鋳造（SC〔「元老院決議によって」（エクス・セナトゥス・コンスルト）の略号〕の極印が打たれた青銅貨の鋳造）、法律の制定、宗教、属州の諸問題（使節団、裁判、都市に対する支援と栄誉の授与、軍事情報）は元老院で討議された。壮麗なユリウス元老院会議場はもはや意思決定の唯一の場ではなく、数多くある政府関係施設の一つにすぎなかった。

首都の中心部には、国家や政府の機関が置かれていた痕跡が遺されている。フォルム・ロマヌムにあるヤヌス神殿の門は平和を継続させるために閉鎖された。「マルスの野」にあるミヌキウス柱廊では穀物が配給された。穀物受給権をもつ市民は各々、毎月決められた日に配給札と布袋を持参して、指定された窓口で五モディウス（六四リットル）の配給を受けとった。食糧供給長官の事務所《スタティオ》は、おそらく由緒ある「牛市場」（現フォロー・ボアーリオ）の近くにあったと思われる。ウェスパシアヌス帝は首都長官の事務所や「ローマ市の大地図《フォルマ・ウルビス》（1）」を「平和の神殿」へ移した。夜警消防長官の事務所は、おそらく「マルスの野」南方の、バルブス劇場の舞台裏にあるクリプタ・バルビに置かれていたようだ。ローマ帝国の貨幣鋳造工房はカピトリヌス丘の城砦《アルクス》から、警告女神《モネタ》ユノ（この女神名からmoneyやmonnaieが派生）の神殿へ移設され、八〇年の火災のあと、カエリウス丘へ移された。公文書館《タブラリウム》はカピトリウム神殿と城砦のあいだの窪んだ箇所を数階のファサード（建物の正面）で閉じた巨大な建造物であり、紀元前七八年以来、国政に関するテクストや資料の保管場所であったが、もはやスペース不足に陥っていた。スエトニウスによると〔『ウェスパシアヌス伝』八〕、三〇〇〇枚の青銅板がカピトリウム神殿に保管されていたが、六九年の火災で消失したので、ウェスパシアヌス帝によって復元されたことが知られている。「皇帝たちの広場《フォルム》」にあるさまざまな記念建造物にも、公文書庫――政府や行政に使われる文書や参考資料の保管棚――が設けられていた。絵画館は「平和の神殿」に設けられており、彫刻やイェルサレム神殿から奪取した黄金の装飾品が収蔵されていた。市民や解放奴隷の名簿は「自由のアトリウム《アトリウム・リベルタティス》(2)」に保管されていたが、このアトリウムが破壊されたあと、「皇帝たちの広場《フォルム》」のなかで最も広い「トラヤヌス広場《フォルム》」にある「ウルピアヌスのバシリカ」のエクセドラ〔外側へ張り出した半円形の構造物〕へ移された。そここに皇帝の彫像が遍在していた。復讐神《ウルトル》マルスの彫像〔在「アウグストゥスの広場」〕は、カピトリウム神殿のユピテルがもっていた軍事や凱旋関係の役割の一部を奪ってしまった。戦争の出陣式や属州赴任の際の総督の誓約が「アウグストゥス広場」の境内で行なわれることになったからである。

(1) 一五一の大理石板に刻まれた二四〇分の一のローマ市の地図。約一〇パーセントの破片が遺存している。大半はセプティミウス・セウェルス帝時代のものであるが、一部はフラウィウス朝時代のものと推定されている〔訳註〕。
(2) フォンティナリス門とカエサルの公共広場のあいだいあるアルゲンタリウス通りに面したところに置かれていた監察官（ケンソル）の事務所〔訳註〕。

Ⅲ　属州の行政

領土を保全するよりも領土を征服するほうがやさしい、とローマ人は明言していた（ディオ・カッシウス）。領土保全の持続性ある方策はなかったが、帝国は、一部分ではあるが、すでに誕生していた。その鍵の一つは軍隊の再編成であった。新しい統治方法を採用する必要がある。アウグストゥス帝が軍隊組織革新の基礎を築き、その組織が長く生きながらえたことによって、彼の成功が担保された。

1　軍事的側面

属州の新しい秩序は、その大半がアウグストゥス帝のために命令権《インペリウム》をどう定義するかにかかっていた。内戦のあと最高司令官《インペラトル》同士の紛争を回避する必要があった。領土の支配と帝国の防衛に不可欠な常備軍を創設することによって、領土の支配が容易になってはいたが、権限を一極に集中させる必要があった。戦争はつねにローマの中央部より離れた地域で起こっていたので、軍隊の駐屯地は帝国の周縁部におかれていた。平定されたばかりの地域――イベリア半島の北西部、イッリュリア地方、属州アフリカ・プロコンスラリスの南方と西方の地域――にも、軍隊が配備された。ライン川とドナウ川の上流地域、東方ではシリアとエジプトに軍隊が最も多く配備されたことは、ローマが攻勢をかけている地域と、それに伴って現実に危険が迫っている地域、または危険が想定される地域を反映していた。アウグストゥス帝が当初二八軍団、のちに二五軍団（トイトブルグで三軍団が殲滅されたあと、これら軍団は補充されなかった）で満足しているかぎり、必要な兵員はかなり少なかったと考えられる。時代の推移にともない軍団の廃止と創設が相ついだ。三世紀には兵力の総数は三三軍団になっていたが、征服した領土は拡大していた。場所や状況によって異なるが、地方駐屯の軍隊では、補助軍の兵員数が五〇〜五九パーセントを占めていた。兵員総数はおよそ三五万〜四〇万人（ローマ市駐屯の軍と海軍を含めるか否かで異なる）にのぼる。きわめて勇猛かつ強力な敵はいなかったし、作戦上一〇軍団を超える軍隊の動員は不可能であり、さらに現地での交渉という別の解決方法があったので、熟慮のうえ、節度ある選択が行なわれていた。大きな危機が迫ったときでも、帝国の参謀は世界戦略の観点から情勢を分析していなかった。大規模な遠征を決定する必要があると、さまざまな属州から部隊を動員したが、このような動員によって軍事上均衡を失するおそれがあることが考慮されていないことさえあった。ローマ帝国には確固とした国境はなかった。アウグストゥス帝も、その後継者たちも、領土拡大が終了したと宣言したことはない。「リメス」という言葉は、当初、道路または侵略路を意味するにすぎなかったが、防衛施設が整備された恒久的な国境〔防壁〕を意味するようになるのは、ずっとのちのことである。この言葉の使い方自体、四世紀になっても、けっして帝国規模での専守防衛の戦略を反映する表現ではなかった。

徐々に軍事地図が塗りかえられ、軍隊の移動は、規模の違いはあれ、常態化した。だが、戦略次元の概念も慣行も、抜本的に変更された形跡はない。三世紀にさまざまな事件が発生したため、帝国は敵と彼らの戦闘方法に対して戦術面で適応しなければならなかった。属州の軍隊は、格段の事情がなければ、志願兵制に基づいており、平和を希求し、予測される帝国内外の危険を懸念する社会の風潮に応えていた。徐々に軍隊は兵士の大半を駐屯地に近接する地域の出身者から採用するようになった。警察活動に特化した独立の部隊はなかったので、軍団はローマ市の兵舎に駐屯する部隊と同じように属州でも治安の維持にあたった。

当初から軍隊は帝国の行政組織を決定する重要な要素であった。アウグストゥス帝は属州の境界をローマに最も有利に定めようとして、国境の一部を書きかえた。その結果、行政の円滑な遂行に必要な属州のアイデンティティと連続性が保たれた。大プリニウスの『博物誌』の説明はこれを示唆している。「プリウィンキア」〔通常「属州」と訳される〕という言葉には簡単な定義はなかった。現代的意味での領土を指してはいなかったし、ローマ国民の公職者が個人的に所有する土地でもなかった。この言葉は、もともと、国家《レス・プブリカ》の代表者が明確な空間的・時間的境界の内側に一時的にもっていた「管轄領域」（C・ニコレ）を意味していた。共和政末期から領土の視点が重要になったが、これは、状況しだいでは属州の分割または再編成を否定してはいなかった。皇帝が独占した結果、属州の軍事的側面が重要性を失うと、「属州」と呼ばれる行政区画が安定し、長く継続することになった。皇帝だけが属州の設置や既存の領土の拡大を決めていたからだ。行政の面では、属州という区画は、名称・等級・法律的地位によって特定された共同体のアルファベット順に配列されたリストの形をとっていた〔大プリニウス『博物誌』三、四六〕。軍隊の規模の重要性はもはやすべての属州で同じではなかった。軍隊の移動には、属州は皇帝が統制・管理している「政府の道路」を利用できたからだ。

2　ローマ国民の属州

ローマの伝統によれば、すべての属州は、歴史的にも、法的にも、征服者たる国民の属州であった。紀元前二七年の法律――ストラボン〔『地理誌』三、四、二〇〕やディオ・カッシウス〔『ローマ史』五三、一二〕が記している属州の新しい配分を定めた法律――によって、元老院によって代行される「市民による統治」のほかに、皇帝による統治が導入された。ローマ権力の二元支配という図式に基づいて、これまでずっと「元老院管轄属州」と「皇帝管轄属州」という表現が使われてきた。しかし、元老院は決定権の一部を留保していて、皇帝と同じ立場で擬制的に国民の名で行動していたから、上記の説明はすべてが間違っているわけではないが、元老院と皇帝のあいだに職務よりも権限を分担するという考え方があったとし、ローマの統治機構には存在しえない国民という国家の構成要素があったとする過ちを犯すのは避けたほうがよい。F・ミラーは、属州という単位を「公的属州《プロウァンス・ピュブリーク》」として残し、総督の選任手続きによって区分することを提案している。すなわち、一方には、プロコンスルが治める公的属州があり、元老院によって選ばれ、共和政期の呼称に由来する肩書きをもつプロコンスル（執政官退任後に就任する総督）に委任される。他方、「皇帝」の公的属州があり、皇帝はさまざまな肩書きをもった責任者（総督）を直接任命した。注目すべきは、実務のうえでは、皇帝および元老院の介入はそれぞれ「皇帝の公的属州」と「プロコンスルの公的属州」に限定されていなかったことである。そのうえ、「皇帝の公的属州」（以下「皇帝属州」）であるか、「プロコンスルの公的属州」（以下「元老院属州」）であるかは、最終的に確定したものではなかった。たとえば、サルディニア、アカイア、マケドニア、ビテュニア＝ポントゥスという属州については、さまざまな変更があった。このため、重要な法的原則によって規定された行政というより、状況に応じて運用される行政というイメージのほうが強い。最後に指摘しておきたいのは、紀元前二七年以降に征服された属州は、例外なく皇帝属州とされたことである。

ストラボンを読めばわかるように（『地理書』三、四、二〇）、政治面の基準が重要であった。属州の地位は平定の度合いに応じて決められていたからだ。元老院属州は平和が維持され、都市化されていて、都市生活が定着しており、帝国の安全に危険を及ぼすおそれがないと判断されていた属州であり、通常、軍隊の長期間駐屯を必要としていなかった。

皇帝属州の筆頭は、アウグストゥス帝がみずから征服したエジプトである。その統治は長官《プラエフェクトゥス》(1)級の騎士身分の人物のなかの、軍事的手腕に秀でた高官に委任された。ユダヤは、紀元六年以降、長官の統治下にあったが（たとえばティベリウス帝治世下のピラトゥス）、クラウディウス帝の治世に管理官《プロクラトル》が統治することになった。このこと自体、主たる任務が税務や財政にあったことを示唆している。騎士身分の総督[2]が治める皇帝属州（ウェスパシアヌス帝時代までのユダヤ、アルプス地方、初期のノリクムとラエティア、一世紀のトラキア、マウレタニア・カエサリエンシス、マウレタニア・ティンギタナ）は山岳地帯にあり、人口が少なく、ローマ人にはあまり文明化しているとは思えない地域にあった。

（1）皇帝によって任命され、各種行政の任にあたる騎士身分の責任者の総称。もともと皇帝の家僕であったが、国家の用に供されていた。管理官（プロクラトル）と異なって、とくに軍司令官や行政の責任者（エジプト長官、夜警消防長官など）に任命された。ただし、首都長官のように重要な役職は元老院議員から任命された〔訳註〕。

（2）代行相当の管理官（プロクラトル・プロ・レガト）と呼ばれた〔訳註〕。

皇帝属州は、前述した管理官が治める属州のほかは、法務官級または執政官級の「皇帝の代行」という肩書きをもった責任者〔総督〕の指揮命令下におかれ、一～三軍団、場合によっては四軍団が配備されていた[1]。というのは、これら属州の状況、資源や政治の地域格差を考慮して、皇帝は充分警戒を怠らず、みずからに対する信頼をいささかでも危殆に陥れないようにしなければならなかったからである。ガリア三属州、上下モエシア、上下ゲルマニア（ドミティアヌス帝が設置）、ブリタニア、ヒスパニア・キテリオル、ヒスパニア・キテリオルとルシタニア、上下モエシア、上下パンノニア、ダキア、カッパドキア、ガラティア、シリア、アラビアといった属州を見れば、属州を区分する考え方を理解することができよう。しかし、おそらくかなり早くから自治が認められていたと考えられるヌミディアは別であった。属州アフリカ・プロコンスラリス（大プリニウスによると、ヌミディアはこの属州に統合されるというより、むしろこの属州と連合していた）や属州アシアには軍隊がまったく駐屯していなかったわけではない。この事実は、最も豊かで最も強力な属州のなかで大きな属州が占めている行政上の地位は、皇帝と元老院間の妥協の産物であり、その後もけっして明確に区分されなかったことを示唆している。

（1）かかる皇帝属州の総督も皇帝の代行（レガトゥス）であったから、法務官相当の皇帝代行（レガトゥス・アウグスティ・プロ・プラエトレ）と呼ばれ、総督が執政官級か法務官級のいずれであるかに応じて、その級を示す言葉が付加された〔訳註〕。

三世紀になると「戦争へ逆戻り」（M・クリストル）したので、属州で長く維持されていた軍隊配備と平定活動との均衡が著しく損なわれた。負け戦《いくさ》や帝位簒奪が起こり、権力と支配の統一を維持する責務――帝権を維持する条件――から、職責や優先順位を再配分しなければならなかった。老練な騎士身分の職業軍人が高位の役職に就くようになり、元老院は軍団の指揮権から疎外された。かつて皇帝属州の総督が兼務していた軍事と民生関係の職務を分離する仕組みが機能しはじめた。同時に、ふたたび分割される属州も出てきて、次の時代の属州の増加を予告している。ハドリアヌス帝以降、イタリアは繰り返し改革の対象となったが、徐々に特別の地位を失い、属州はモザイク化の方向へ進む。ディオクレティアヌス帝はこのモザイク化を承認したのである。

3　統治者と被統治者

アウグストゥス帝の行政手法は属州民に対する恣意的搾取の禁止のうえに築かれた。属州民、少なくとも属州のエリートたちは発言力があり、訴えを起こしたり、請願したりすることができた。属州政府の存在理由は、征服よりも、裁判の開廷、ローマ市民の安全確保、規則に基づいた税金の徴収（不動産・鉱山・採石場の税金または製品ならびに間接税（ウェクティガリア））、さまざまな自治共同体での治安と融和の維持にあった。軍隊が駐屯しているところでは、普段の関心事に軍事問題が加わる。軍務を管掌していたのは、属州都におかれていた軍団本部である。この本部には、本部長《プリンケプス》、秘書官長《コルニクラリウス》、書記兼文書担当《コメンタリエンシス》、執政官級の人物に対する護衛官《ベネフィキアリウス》、食糧調達官《フルメンタリウス》、諜報官《スペクラトル》などの士官が配属されていた。軍隊は皇帝や属州当局に対する警察や技術支援に関するさまざまな業務を担当しており、等級で格付けされた兵士の名簿や昇進表を管理し、他の属州への兵員の異動、臨時の分遣隊派遣、兵士の除隊や休暇を記録していた。属州総督が属州都に滞在しているか、移動中のときは、ローマ市の例にならって、選抜された身辺警護騎兵隊が属州総督の身辺を警護していた。兵士たちはまた、必要な場合、他の公職者、とくに管理官《プロクラトル》の警護も担当した。

元老院属州で財務を担当していたのは属州総督つきの財務官《クアエストル》（若年の元老院議員が就任（六二頁参照））である。皇帝属州では、皇帝の配下にいた、たたきあげの騎士身分の管理官《プロクラトル》が財布の紐を握っていた。皇帝の所領や国庫の収入管理およびその徴収を担当していたのは、それを専門とする管理官《プロクラトル》である。いたるところで皇帝の奴隷や解放奴隷が検査・記録・日常監督の面で皇帝配下の役人を補佐していた。

属州総督の公的活動の大半を占めていたのは司法業務であった。司法業務がますます増加し、その結果、文学史料によると、帝政前期末には審判人《ユデクス》＝属州総督という状態が常態化していた。属州には訴訟業務を担当する特別の組織ができていた。今日、どの属州も、東方では「ディオイケシス」、西方では「コンウェントゥス」と呼ばれる裁判管轄区に分割されていたと考えてよい証拠がある（R・ヘンシュ）。大プリニウスが裁判管轄区に言及しているのは、イベリア半島・属州ダルマティア・属州アシアだけである。[1]それ以外の資料が示唆しているところによると、属州エジプトや属州キリキアにも裁判管轄区があったと考えられる。裁判管轄区はアウグストゥスの時代に定められたと考えるべきであるが、急速に大きな属州に普及したと即断してはならない。裁判はそれほど威信があるものではなく、厄介なものであったので、一般にいって、ほとんどの場合、とくに政治・軍事の情勢を浮き彫りにする証言として注目すべきものとは考えられていなかった。裁判の本部がおかれていた裁判管轄区では、公式名簿に登録された共同体の市民に対して優先的に裁判が割りあてられた。そのほかの裁判管轄区では、司法担当代行《レガトゥス・ユリディキ》が審判人〔＝属州総督〕を補佐または代行した。ただし、裁判管轄区に分割することができないほど小さい属州を統治する管理官《プロクラトル》〔＝属州総督〕の場合はその限りでなかった。こうすることによって、属州がどんなに広くても、毎年、その全域をカバーすることができたのである。裁判は巡回裁判であったと考えられている。この意味で、ストラボンが述べているように〔『地理書』三、四、二〇〕、属州総督の巡察は、とくに地方財政を再建・健全化し、紛争や論争を沈静化させる絶好の機会であった。最後に述べておきたいのは、皇帝の巡察は施与が各都市に適切に行きわたっているかを確認する手段でもあったことである。属州総督は、宣伝に長けたローマ当局の代理人ではなく、ローマと属州民の重要な絆であった。

（1）イベリア半島については『博物誌』三、一八～二八、属州ダルマティアについては『博物誌』三、一四二、属州アシアについては『博物誌』三、一〇五～一〇九〔訳註〕。

統治にあたる者たち——元老院議員身分や騎士身分の出身者——は、自分の家族のなかで、あるいは経験豊かな公僕のかたわらで、公職就任の準備をした。

元老院議員身分の者は、二十歳か二十五歳から、一定の基準に基づいて一年ないし数年の見習いを何回か繰り返すことによって、行動力と実践力を養い、いくつかの道徳則（属州アカイアの統治に関する小プリニウスの書簡に示されている道徳則）に裏うちされたキャリアーの骨格を形成した。ローマの「公職の階梯」（財務官→護民官または按察官→法務官→執政官）は元老院議員が歩むキャリアーの枠組みである。軍事教練は各種の会計管理や行政実務（情報や指令の伝達経路や法律の知識、軍隊の指揮や政治のセンスを含む）の習得と関係していた。

他方、騎士身分の者は軍隊での長期間の予備訓練を経て、とくに皇帝の権益（皇帝金庫、財産、所有地、公私の特定の資金）を扱う財務関係の職務を経験したあと、選抜を勝ちぬき、健康が許せば、要職の長官職（食糧供給長官、近衛長官、エジプト長官など）に就いた。これら長官職へ就任できるかどうかは、皇帝の判断、皇帝が帝国の行政に携わる役人に抱いている信頼度いかんにかかっていた。

属州総督に就任する際の平均年齢は、さほど格が高くない属州の総督の場合で三十五歳、軍団が配備された属州の総督の場合で四十〜四十五歳であり、属州アフリカや属州アシアという重要な属州の総督の場合は五十歳を超えていなければならなかった。重要な人事が問題となるたびに、当時の年功序列の規則ならびに空席ポストの発生という不測の事態のほかに、本人の資質や元老院議員の承認の問題が加わった。属州ビテュニア＝ポントゥスの総督であった小プリニウスの交換書簡を考察すると、地方の民衆や彼らの伝統に精通していることが重視されていたかどうかは疑わしい。とくに重要だったのは皇帝の意向に逆らわないことであった。制裁が科せられることもあったが、ほとんどの場合、属州会議[1]（帝国の西部では「コンキリウム」、東部では「コイノン」と呼ばれた）の決議に基づいた制裁の要請を受けて科せられた。毎年、都市を代表する地方の名望家たちからなる属州会議が開かれ、皇帝礼拝のため祝祭が催される。この祝祭はまた、ローマの諸決定に対し苦情を申したてたり、敬意や謝意を表する決議をしたり、逆に、属州総督を非難したりする機会でもあった。このようなことは、タキトゥスやディオ・カッシウスを読めばわかるように、今日想像するよりも頻繁に行なわれていた。

（1）アウグストゥス帝がガリア滞在中（前一六〜一三年）に、政治と宗教を統合するため三ガリアの属州会議を設けたのが最初とされ、西ヨーロッパのすべての属州に属州会議が設けられていた。属州レベルでの皇帝礼拝の振興を主な使命としていた。都市の代表で構成され、属州の皇帝礼拝に携わる神官が主催した〔訳註〕。

ローマ帝国は、国家的かつ軍事的な官僚政治ではなく、無能、ディレッタンティスム、腐敗の風潮に押し流された幼稚な行政機構でもなくて、世界の政府になっていた。ローマの支配にはいかなる正当化も必要ではなかった。国家と共同体、当局と市民、個人相互のあいだで受けいれ可能な規範をつくろうとする帝国の判例のうえに、徐々に構築されていったからである。しかしながら、ローマ帝国は近代的な法的構築物――統合の基盤であり、そう理解されていた法的構築物――ではなかった。皇帝と公職者たちは帝国を代表しており、帝国に対して、いわばその実在性を与えていた。帝国の外側や周縁地域にいる人たちは、現実的かつ具象的には、帝国を異質なものと考えていた。「アントニヌス勅法」は二一二年にローマ市民権とローマの文明《フマニタス》（文化と教育）の価値を普遍的なものにした。だが、この勅法は統合を促進する新たな誘因とはならなかった。神の加護が永続的に保証され、都市（またはポリス）が文明生活の枠組であったことが統合の橋渡しをしたのである。

第三章　八〇〇〇万人の住民

ローマ帝国は広大であった（約一〇〇〇万平方キロメートル、うち約三〇〇万平方キロメートルが地中海）。しかし、人口はせいぜい現在の欧州の一大国並みにすぎなかった。総人口八〇〇〇万人という数字は何らかの文献に基づいたものではなく、概数にすぎない。楽観的な数値だと貶す者もいれば、実際よりも控え目であると考える者もいる。比較的長いあいだ好況が続いたあと、マルクス・アウレリウス帝の時代から景気が不安定になったので、人口推定の基準は微妙に変化せざるをえない。空間や地域の環境が多様であったので、さらに慎重を期す必要がある。

帝国の住民は大半が都市の枠組のなかで暮らしていた。帝国の東部では、ギリシアのポリスが領土組織にその痕跡を遺しており、帝政時代でもその命脈が保たれていた。帝国の西部では、共和政《レス・プブリカ》のもとで共同体の法的地位が多様であったことと関連して、多様な都市モデルが生まれた。

地方のエリートは、属州民であれ、ローマ市民であれ、階層化されて社会組織を構造化しており、ピラミッド化した社会階層間の掛け橋となっていた。どこでも、政治――共通の利益や市民生活――が都市の名望家と住民との関係の特徴を示していた。ローマ帝国は民主的な体制を犠牲にして貴族主義的な体制を促進したと考えられているが、この民主的な体制を現代の民主主義と混同してはならない。

I　人口と社会

さまざまな部族が帝国の基層を構成しており、征服者たちはこの基層のうえにみずからの支配を築いた。この側面はローマによる行政の分割や再構成の背後に隠れてしまっているように思われるが、それは錯覚にすぎない。

帝国の総人口や地域ごとの人口を集計した統計史料は存在しない。墓碑銘以外では、ウルピアヌスの「余命表」（『学説彙纂』（ディゲスタ）三五、二、六八）が、いくつかのパピルス文書とともに、死亡率や余命を算定する基礎数値（一部は推定値）として用いられている。戸口調査は判明している事例が限られており、解釈の問題も提起されている。属州では、エジプトを代表的な例とするならば、原則として一四年ごと、実際には必要な場合にのみ、行政機関が公式に人口を集計していたと考えられている。人口集計のことはほとんど何もわかっていない。定性的データのほうはもう少し多くのことを教えてくれる。満足できる古代の人口統計は可能であるとしても、いまだに恣意的に作成されたものにとどまっているのである。

1　部族のモザイク

ストラボンや大プリニウスを読めばわかることだが、ローマ帝国に編入された部族は数百を数え、これら部族によって、帝国の領土は境界が不明確な小さな自治単位に分割されていた。ローマ帝国は漸次多様な地方文化圏を吸収していく。そのなかで最も目立つ要素がヘレニズム文化であった。この文化が卓越していたからだ。「人が住んでいる世界」（五頁の地図参照）を地理的に描写してみると、イベリア半島から始まり、時計の針の進行方向に廻って、北アフリカで終わる。この図式によれば、ギリシアとイタリアを除けば、ほぼ次のように区分することができる。イベリア圏、ゲルマン人と接しているケルト圏、イッリュリア人やトラキア＝ゲタエ人からなるドナウ＝バルカン圏、混血した住民が生活し各種の土語（カリア語、リュディア語、フリュギア語、アルメニア語、カッパドキア語、ガラティア語など）が使われていたギリシア化したアナトリア圏（イラン人やペルシア人も居住）、セム語圏（シリア人、ユダヤ人、アラブ人が住み、ヘブライ語とは異なるアラム語が話されていた地域）、古代にはアジアと考えられていたエジプト、ヌミディア人やマウリ族のようなリビア＝ベルベル人やポエニ人が住んでいた北部アフリカである。カルタゴは拡大する過程で西方へ勢力を伸ばし、大西洋まで達していた。古くからあったフェニキアの植民地はヘレニズム国家となり、ヘレニズム文明を中継した。おそらく、ヘレニズム文明は従来認められていた以上にフェニキアの植民地に定着していた。アウグストゥス帝が登位したとき、ローマ世界の地図は、経済、社会文化、住民によって識別できるいかなる領域とも重なっていなかった。帝国の周縁地域ではどこでも、政治上の分割線とは無関係に、さまざまな文化が互いに接触しあっていた。ローマ人自身も、さまざまな文明から吸収した人類の理想を伝えていた。ギリシア人、同じくケルト人・ポエニ人・イベリア人・エジプト人・セム族も、ローマ人から見ると蛮族であったが、ローマ人はこれら蛮族が尊重に値する古い遺産と伝統をみずからと共有していることに気づいていた。この事実は、征服された者たちが自覚していたローマの優越という、ときにはへりくだった意識と矛盾していなかった。

多くの共同体はローマの旗のもとで再編成され、異質な組織形態を引き継いでいた。その一方で、ヘレニズム王政も、敗北したカルタゴの貴族政治も、生き残ることはできなかった。ローマの従属国、ローマと同盟を結んだ小王国、地方の土豪の所領、戦士貴族に率いられた民、部族または部族連合は、自治を守りつづけるか、王または服属していた主《あるじ》が失脚したとき一定の範囲で自由を回復した。ギリシアの都市やカルタゴの領土は、勝利した大国の監視下で歴史の新しい段階を拓いた。アウグストゥス帝はカエサルの政策を推し進め、地方組織をローマ市の組織とそっくり同じにすることを奨励し、共和政時代に征服の過程で生まれたさまざまな都市の範疇を単純化した。その例としては、属州で土地を分与された退役兵による植民市の創建を挙げることができる。部族または共同体は、戦争中のローマに対する姿勢に応じて、従前のまま存続が認められるか、消滅するか（無条件の消滅、あるいは他の都市との合併または他の都市への帰属による消滅）が決定された。気候、地勢、粗暴な気質から判断して敵対的と考えられる地域では、地中海世界と著しく異なる習俗をもつ山岳地帯の住民が厳格な支配のもとにおかれた。問題が発生したのは、ほとんどの場合、定住化が順調に進んでいない集団または新たに到来してきた集団についてであった。すでに平定された地域の周辺では、ブリタニア、ゲルマニア、ドナウ川沿岸、東方・エジプト・アフリカの砂漠に隣接するどの地域でも、帝国への移住が続いていた。三世紀の軍事的・政治的危機の時代、北部アフリカはローマ化が進んでおらず、大半がまだ征服地のままであった。

　ラテン語の語彙では、都市の組織と異質な住民を指すのに、「ナティオ」とか「ゲンス」という言葉が使われていた。この二つの言葉は、家族の繋がりや親族関係が他の社会関係よりも優位を占める考え方を示している。すなわち、ナティオは、出生地を意味すると同時に、出生によって帰属する集団を意味していた。ゲンスはギリシア語のゲノスと関連がある言葉であり、もっと社会的な、現実または虚構の共通の祖先との繋がりによって認められる家系と関係がある、もっと社会的な、別の側面をもっていた。永続的な人間関係は親族関係によって決まっていた。婚姻関係が外婚（集団の成員同士の婚姻を禁止する婚姻制度）であったので、家族制度が男系と女系の関係を統合していた。宗族関係《アグナトゥス》は男系の親族関係、血族関係《コグナトゥス》は男系と女系の親族関係を指している[1]。母系の親子関係または母親の父系集団が相続することによって、数多くの「家系」が生まれ、この家系が生物学上の家族よりも長く続くことになった。ローマ帝政期の史料は、この形態の社会構造が変化していなかったことを想起させている。史料、とくにイベリア半島やケルト人の史料には、拡大された家族を示唆する血族関係《コグナトゥス》が言及されている。ローマの属州の社会と領土の実態は複雑であり、家系、さらには居住地によって均質的な親族関係が固定化されないようになっていた。碑文によって実証されている血族関係《コグナトゥス》は、より正確には、部族の組織――市民の組織ではない――という環境に分散された親族関係を指している。これらの親族関係には父系と母系が含まれているが、おそらく父系の親族関係の優位が認められていたのであろう。この結果、親族関係が一つの「我」〔一人の被相続人〕によって維持される状態が容認されていた。これら拡大された家族集団と関係がある賓客関係の協定、その協定が何世紀にもわたって更新されている事実が明らかにされたことによって、社会で親族関係が活用されていたことが強調されている。威厳や権力の要素、血族関係《コグナトゥス》――すなわち氏族関係――に依存することが、裁判であろうと、保護関係であろうと、さらには祭祀であろうと、政治の発展に適合した戦略に組みいれられていた。

（1）血族関係（コグナトゥス）を理解するには、アウグストゥス家（ドムス・アウグスタ）を考えればよい。アウグストゥス家の場合、ユリウス・カエサル家を中心に、主として、アウグストゥス帝の妻リウィアが前夫の出自クラウディウス氏ネロ家を、姉オクタウィアが二度の結婚でクラウディウス氏マルケッルス家とアントニウス氏を、娘ユリアがアグリッパ家をアウグストゥス家に加え、かつ次世代以降のメンバーが活躍したことによって、血族集団が大幅に拡大され、絶大な勢力を誇った。この血族集団がユリウス＝クラウディウス朝である〔訳註〕。

征服された民をローマ社会へ統合していった結果、社会の流動化・混血・革新が進んだので、アイデンティティに執着し、それを放棄しなくてもよい自由をもっている部族が徐々に変質してゆく環境が生まれた。親族関係に依拠するのは、集団への帰属構造がもつ形成力——団結をもたらす力——を反映していた。組織や社会関係が別の形態へ移行しても、集団へ帰属する構造の消滅は予定されていなかった。これら種族共同体そのものも混血していたからである。ローマ帝国が異質な部族の寄せ集めであったことは否定できない。人口動態の把握は、概算であっても、さらに難しい。

2 人口の推定——算定と算定間違い

主として二つの傾向が対立している。人口を最小限に見積もろうとする者と最大限に見積もろうとする者との対立である。各種の推定値はわずかな証拠から間接的な論証によって得られたものである。C・ジュリアンはガリア全体の人口を二〇〇〇万人と推定した。これは十七世紀のフランスの人口に匹敵する。この見解に対する過剰反応から、六〇〇〇〜八〇〇〇万人という説も提唱された。一〇〇〇〜一二〇〇万人を提案しようとした者もいる。これらの見解は、資源、食習慣、食物の貯蔵方法、衛生、医療、地域の繁栄とその要因、世代交替率と出生率、幼児死亡率、年齢のピラミッドなどに関して各論者が抱いているイメージに基づいている。慎重を期して、どんな人口モデルも特別扱いせずローマ帝国に適用してみよう。ローマ帝国は開発途上国でもなければ、ルイ十四世のフランス王国に比すべき社会でもなかった、ローマ世界は、ローマ市や属州の食糧供給制度が示唆している独自の調節メカニズムに基づいていた。耐えがたいと思う現実をつねに悲観視したがるモラリストが発信する、芸術の片隅にあって興趣があり、目立つがゆえに魅力的な紋切り型の見解の罠にはまるのは避けるほうがよかろう。さらに、帝政最初の二世紀に都市が興隆し、目を見張るばかり繁栄したからといって、突如として人口が全般的かつ持続的に増加し、それとは対照的に、次の時代に疫病が原因で人口が減少し、人口が回復すべきときに戦争で事態が悪化した、という結論が得られるわけでもない(E・ロ・カッショ)。

墓碑銘から平均年齢を算出するにせよ、その結果に一世代の五〇パーセント+一人が死亡した歳に相当する余命の概念によって加重値を与えるにせよ、通常提案されている平均寿命二十二〜三十歳は適当ではない。「余命表」を用いると、別のアプローチが可能である。余命は個々人が到達した年齢に応じて調整しなければならない。すなわち、出生時には、平均寿命は男性が二十二・八歳、女性が二十五・〇歳以上と考えられるが、一〇年単位で齢をとってゆくと、余命は著しく変化する。三十歳では、男性の余命はいまだに二十三・九歳、女性は二十六・一歳である。歳をとるにつれ、老齢まで生きる可能性が高くなり、七十歳以上まで生きのびる人は、人口の六パーセントにも達する。幼児の死亡率がきわめて高かったことを除くと、おそらく四十歳から五十歳のあいだに越えがたい峠があったことに気がつく。最後に指摘しておくと、男性と女性の比率は、当初は産褥期の死亡によって女性に不利であるが、最終的には女性が優位となる。しかし、その逆転は顕著ではない。ある年に生まれた一〇万人の子供のうち九十五歳まで生きながらえるのは、女性で三人、男性で一人であった[1]。社会的地位によっても異なる。元老院議員は物質的条件に恵まれているので、理窟のうえでは余命が長いはずだが、早死を免れなかった。おそらく、仕事や都市生活に基づく疲労が原因であろう。奴隷は高価であり、比較的大切に扱われていたので、貧しいローマ市民よりも余命が長かった。

（1）この節の余命に関するデータはB・フライアーが作成した余命表に基づいている。データの詳細は、長谷川岳夫・樋脇博敏『古代ローマを知る事典』（東京堂出版、二〇〇四年）二一三頁を参照のこと〔訳註〕。

ローマ市は他の地よりも個人の環境が不安定であったことは明らかであるが、おそらく、都市生活のほうが農村生活よりも長生きするチャンスが大きかった。詩人ホラティウスは「秋の熱」（チフス）に注意を促したが、それには晩夏の熱も加えられた。最も健康によい季節は冬である。したがって、一年には死亡のピークがいくつかあった。一六五年や一八九年に変則的に多数の死者が出たが、その原因は、ペストよりも、むしろコレラ・赤痢・炭疽病・破傷風・天然痘であった。よくいわれるほど医術が初歩的でなかったことについては、見解が一致している。それを示しているのが、支持鉤《かぎ》、フラスコ、眼病の処方箋が出土していること、軍医がいたこと（ローマが初めて）、ローマ市で医術を教えたガレノス（一二九／一三〇～二〇〇年）の著作が遺っていることである。外科治療は頻繁に行なわれていた。属州の諸都市も医者を抱えていた。だからといって、医者が個人的に開業するのは禁止されてはいなかった。皇帝や貴族の治療にあたったのはお気に入りの医者である。農村に住んでいる者は祈禱師に診てもらうのを好んだ。食べ物は穀物だけではなかった。それほど豊かでない者とて同じである。ほとんどの人にとって肉料理は祝祭のときの料理にすぎなかったが、これまで考えられているほど珍しい料理ではなかった。地場で採れた果物・野菜・魚介類で栄養を補給した。この点でとくに恵まれていたのが軍隊である。駐屯地からは実にさまざまな食べ物の残滓《ざんし》が出土しているからだ。

場所と時代によって考慮しなければならない要因があまりにも多いので、どんな形であれ、人口の構造や動態を解明することはできない。計算のどの基礎数値も満足できるものではない。二世紀には、人口はおそらく六〇〇〇万～一億人程度であったと考えられている。この意味で八〇〇〇万人という数字は、ローマ市を特殊なケースと考え、既知の数値データ、都市の数、かなり恵まれた環境を考慮したうえで算出された概数にすぎない。一～二世紀には、アフリカが大発展を遂げた可能性はあるが、ギリシアの場合はそうではなかった。ギリシアの停滞はローマ帝国が出現するまえから始まっており、継続していた。考古学調査の成果から判断すると、ガリアとイベリア半島は好景気に恵まれていたようだ。

3　社会の階層化

帝国全土から何万という墓碑銘が出土しており、この墓碑銘は、キケロや法学者の著作とともに、帝政期に核家族が一般的であったことを示唆している。合法的な婚姻（「正式の結婚」）によって、家族の核ができ、子供に対する家父長権《パトリア・ポテスタス》が生まれる。法律上、家父長権が消滅するのは、家父長権が免除[1]された場合、または父親が死亡した場合に限られる。ローマが支配している領土には、遍《あまね》くローマ市民が住んでおり、西方ではローマ法が普及し、東方ではギリシア法が支配的であったので、両親と子供の周りに家族が形成された。しかし、ユダヤ人は一夫多妻制を放棄しなかった。結婚の目的は、子孫をつくること以外に、定められた形で家産を継承させることにあった。このように定義された家族は、父系・母系双方の親族関係（血族関係）に組み込まれた。アウグストゥス帝の時代に若干緩和されたとはいえ、妻や娘は、共同体内の活動の面だけでなく、相続の面でも、夫や息子より劣位におかれていた。寡婦のみが、後見人のもとではあるが、遺言する自由を有していた。家産の移転が必要不可欠であり、この点で寡婦は世代間の重要な紐帯であったからだ。しかし、父または母の遺言がきわめて不公正だと判断されると、娘も息子と同じように異議を申立てることができた。墓碑銘に刻まれた愛情豊かな形容辞や最上級の表現が父権の発展について何も語っていないのと同じように、一世紀から家族関係や愛情が著しく変化したという考え方を支持する証拠はない。つねに最も多く出てくるのは信義《フィデス》（信頼、信用）や義務といった表現のようだ。その理由の一つは同棲の風習が普及したことにある。個人の資格で、かつ社会環境にしたがい、女性たちは——皇帝や元老院議員の取り巻き以外の女性でも——原則として女性という身分に認められているよりも大きい影響力を有していた。

（1）実父と仮装購買者のあいだで戸主でない者（他権者という）を三回売却繰り返えすことによって家父長権は免除される（通常、仮装購買者が実父に売り渡して解放する）〔訳註〕。

「ファミリア」という言葉は、当初は家族の基本的構成単位ではなく、家僕を指していた。古代の奴隷制度は共和政末期の征服戦争によって発展した。ギリシア世界でも奴隷制度が発達していたが、とくにイタリアとの関わりが深い。帝政期、とくにガリア・アフリカ・小アジアでは、奴隷の数は相対的に多くなかったようだ。それにもかかわらず、帝国の周縁地域にある属州は奴隷制度に浸りきっており、ローマ中央部に対する奴隷の供給源であったことに変わりはない。ローマの奴隷は、自由を得るために必要とされる一定の法的手続きさえ踏めば、解放されることになっていた。解放された奴隷は、もとの主人に対する法的地位を継承し、その主人の明示的な決定なきかぎり、その主人に従属したままであった。完全な自由、すなわち生来自由人たる身分が与えられるのは、解放奴隷の子供からであった。自由には個人差があったので、社会集団全体に亀裂が生じていた。

　次に問題となるのが政治上の地位である。すなわち、一世紀には、ローマ市民権をもっていることは一つの特権と考えられており、ローマ市民権を得たいと思っている者が多かった。自由人たるローマ市民が属している社会階層の基盤は財産《ケンスス》であり、それは農地や都市部の不動産に具現されていた。それに加えて、財産の階層とは対照的な威信や道徳という基準があった。アウグストゥス帝以来、帝国の領土やすべての共同体に社会階層が生まれた。すなわち、階層の頂点には、元老院の審議に参加できる元老院議員とその家族がいて、世襲の元老院議員身分を形成しており、次に騎士身分の者、すなわち皇帝から個人的に騎士身分という身分を認められた者がいた（もちろん、騎士身分の者の子は騎士身分になりやすかった）。これら二つの身分に属している者と平民との格差は大きかった。平民のなかで特権的地位を占めていたのが、ローマ市の平民である。平民相互の格差は大きかった。最貧の平民は、ほかの平民ほど保護されておらず、特典を有する市民のリストにも入れられていなかった。食糧や祝祭について国家が与える優遇措置は、ローマ市の社会全体に向けられたものであった。すなわち、それは征服者の末裔にとって威信の問題であった。だからこそ「政治的な小麦」という表現が使われる。外人《ペリグリヌス》は、財産や教養のいかんにかかわらず、法律上も、事実上も、劣位にあると考えられていた。

土地を所有していないと、社会的威信はない。世襲財産を所有していないと――それも継続して所有していないと――高貴ではない。祖先の有力な人物の評価や共同体全体に対する業績がもたらす栄光によって、血統の威信、いやむしろ親族の威信が高まる。貴族が住む戸建住宅《ドムス》のアトリウムには、蠟で作られた祖先のデスマスクが納められた櫃《ひつ》が置かれ、葉綱模様で飾られた家系図が掛けられていて、それらが家族の記憶を忘れさせないようにしていた。都市の役職への就任がきわめて重要であった。元老院議員は財産をもっていたので必然的にその地位を保持でき、ローマの公職、軍団の司令官職、ローマ市や属州での職務に専念できた。元老院議員身分を有する者全員（元老院議員は最大六〇〇人で、元老院議員身分を保有する者は総計二〇〇〇～三〇〇〇人）が名門貴族《ノビレス》ではない。名門貴族であるかどうかで決定的に重要であったのは、執政官を出したことがあるかどうかであった。白塗りの掲示板にパトリキ[1]という資格――名誉上の資格にすぎない――が記されるという栄誉を与えられているか、あるいは皇帝の推挙によって新たにその栄誉が与えられた者は、元老院議員の一〇パーセントであった。この華麗な元老院議員身分に属しているかどうかは、次のような明確な標識で示された。すなわち、一〇〇万セステルティウス(2)以上の財産《ケンスス》（すなわち二五〇ヘクタールの土地）、上衣《トゥニカ》に飾りつけた広幅の緋色の条飾り、三日月形の黄金の留め金《ルヌラ》つきの赤い靴、ハドリアヌス帝時代から始まりマルクス・アウレリウス帝によって子や配偶者にも広く使われた「クラリッシムス」（「最も優れた」の意）という肩書き（帝政社会強化の象徴）である。これらエリートを補充してゆく過程で、属州出身者が定常的に増加した。すなわち、一世紀にヒスパニア人や属州ナルボネンシス出身者が増加したあと、二世紀になると、新しく元老院議員になった者のほとんどがアフリカや東方の出身者であった。このような変化にともない、トラヤヌス帝は元老院議員がローマ市に住所を定め、財産の三分の一をイタリアに投資することを義務づけた。家族が重要な地位に留まれるかどうかは、姻戚関係や養子縁組に基づいた家族の戦略で決まった。

（1）本来、前三〇〇年頃まで政治上独占的な地位を占めていた血統貴族のことで、ほぼ五〇氏族が該当した。共和政の末期に残っていたのは、一四氏族である。宗教的儀礼にはパトリキが担当しなければならないものがあったので、皇帝たちは出自のよい平民をパトリキに特進させることによって補充した〔訳註〕。

（2）一セステルティウスの価値は、金の価格で比較すると一八〇円（P・グリマル（拙訳）『古代ローマの日常生活』文庫クセジュ、二〇〇五年、五三頁）、同じ栄養価をもつ主食（ローマの小麦、日本の米）の価格で比較すると三〇〇円（新保良明『ローマ帝国愚弟列伝』講談社選書メチエ、二〇〇〇年、三二頁）という推定値がある〔訳註〕。

騎士身分の者（「ローマ騎士」（エクエス・ロマヌス）という肩書きをもち、二～三万人いた）も一つの身分を構成していたが、出身地・財産・威信・影響力の点で、元老院議員身分の者ほど均質ではなかった。必要とされる財産は最低四〇万セステルティウスである。騎士身分の有力エリートは、ローマ市出身者でなくても、元老院議員と同等と考えられていた。騎士身分に属しているかどうかは、次のような標識で示された。狭い幅の緋色の条飾りがつけられた上衣《トウニカ》、重要な儀式（戸口調査、七月十五日に三十五歳未満の騎士身分の者が行なう閲兵式、皇帝の葬儀）のとき得意げに羽織る緋色の条飾りが数本ついた白の礼服《トラベア》、黄金の指輪、劇場での前列席着席権《プロエドリア》（元老院議員の背後で、一四列までの座席に座れる権利）である。二世紀になると、管理官《プロクラトル》や長官《プラエフェクトゥス》は「エグレギウス」（「傑出した」の意）、「ペルフェクティッシムス」（「最も完璧な」の意）」、「エミネンティッスムス」（「最も傑出した」の意）という肩書きで功績が称えられた。騎士身分から元老院議員身分への昇格は、直接本人に対して伝えられるよりも、その子息に緋色の広幅の条飾がついた上衣《トウニカ》の着用が許可されることによって示される場合（カリグラ帝以降、元老院議員身分に昇格したときの指標）が増えた。

元老院議員身分の家族の存続が難しくなった事態に対処するため、皇帝たちが採った二つ目の方策は、財務官・護民官・法務官の経験者を特進《アドレクティオ》させる方法であった。奴隷や解放奴隷の末裔が直接元老院議員身分へ昇格することもあったようだが、例外にすぎなかったとしか考えられない。通常、解放奴隷の家族が元老院議員身分へ昇格するのには、数世代――できれば出自が奴隷であるという欠陥が忘れられるのに要する時間――が必要であったからだ。解放奴隷が商業や交易によって裕福になったという事実は、急速な蓄財が非難されたのが、多額の損失の発生または蓄財の射倖的性格が問題になったときだけであったことを示唆している。投機や利息つき融資は社会的に必要であり、貴族が野心を追求したり、地位を維持したりするための一過性の活動であるかぎり、完全に蔑視されることはなかった。

帝政期には、ローマ市のローマ人、イタリアのローマ人、属州のローマ人という非公式な区別が明確になり、皇帝たちは、状況および特定の著名な家族のメンバーに払う敬意に応じて、この区別を使った。クラウディウス帝の演説[1]のあと詩人マルティアリスが示唆したところによると、属州民同士の競争によって、ローマ市やイタリアに住むローマ人は、自分たちの時効にかからない特権が侵害されていると受けとめていた。

たとえ傑出した知識や教養を具えていても、身分が低いという紛れもない欠点を急に改めることはできない。建築家・芸術家・画家・哲学者・詩人・弁論家は、うまくゆけば宮廷でみずからの才能を顕示することができたが、彼らには権力への道は閉ざされていた。三世紀の法律のいくつかの定義が示しているように、社会法典では都市居住者と農村居住者が区分されていた。人口の七〇〜八〇パーセントが暮らしていた農村世界は粗野で野蛮であり、無知で予測不可能と考えられていた。都市こそが、文明生活、教育、生きる喜びを与えてくれる環境であった。場所だけが問題なのではない。小プリニウスによると、都市生活の快適さと便利さを田園にもちこむ術《すべ》を知っている人にとっては、田園は閑暇《オティウム》（娯楽と休息）に格好の土地であった。貴族の考え方は活動の仕方を対比させたものであり、環境を対比させたものではなかった。過酷な農作業は奴隷に適していると考えられていた。都市と田園が相互に補完しているという考え方は、当然のことながら、大土地所有者の模範的な生活様式に組み込まれていた。ローマ帝国の社会には、労働力人口や職業別社会階層に関する確固たる考え方はなかった。職業――仕事の一連の流れのなかの個々の活動――には、本当の意味で連続性はなかった。それゆえ、職業の名称が生まれるには、どれほど時間が必要かはわからないが、一定期間、専門化が進むのを俟つしかなかった。

（1）クラウディウス帝が四八年に元老院において行なった演説。この演説によってガリア市民にも元老院入りが認められた〔訳註〕。

ほとんどの人は、活動範囲が限られていて、厳密に体系化されていない細分化された人間関係の枠内に閉じ込められていた。街区、近隣関係、宗教または種族の性格をもった組合や団体は、権力者が怖れる団結・競争・選挙公約を生む源であった。パトロネジ関係〔保護者と庇護民の関係〕を求めることは孤独に立ちむかう有効な武器である。その反対に、保護者《パトロヌス》のほうも多数の庇護民《クリエンス》から栄光と威信をもらう。この双方にとって望ましい、価値を高めあう互酬関係がローマ人社会の伝統に根ざした文化の特徴であった。当局によって統制されていた制度とはいえないだろう。保護者の人気が高すぎると、当局は期待するよりも警戒しなければならなかったからだ。保護者は慈善活動をしているのではない。自分の活動の価値を評価してくれる者に対して好意と気前のよさを示していたのである。保護者を選ばねばならない法的義務はまったくなかった。庇護関係――世襲ではない――の核心にあったのは、契約の語彙から借用された信義《フィデス》という概念である。朝の伺候は保護者の地位を示す儀式であり、この機会に施物〔金銭による〕が与えられる。どの庇護者も毎日伺候するわけではない。複数の保護者をもつことは禁止されていなかったので、なおさらそうであった。ローマ帝国はこれらの慣行をさらに様式化し、規制しようとした。皇帝はこれらの慣行を独占していなかったとしても――独占していると説明されたこともあるが――最高の保証人であると思われるように行動した。皇帝の例は、あらゆるレベルの人付きのモデルとなった。組合、職人団体、都市、村落も、この種の人間関係を採りいれた。裁判で庇護民を支援するのはその存在理由の一つにすぎなかった。

しかしながら、政治や社会の組織がうまくできていたことは、うるさくて息苦しい監視体制が整っていたことを意味するものではない。ローマ帝国は交易とその拡大に適した時代であったと考えるべきだ。

Ⅱ　帝国――世界

現代の視点からいうと、ローマ帝国ほどの規模をもつ政治体は組織化された巨大な市場を提供していた。この点を強調するため、二世紀のギリシア人の弁論家アエリウス・アリスティデスの演説『ローマ頌詩』が論拠とされることがある。ローマ市が「人が住んでいる世界」で生産されたすべての物資の集積センターとして紹介されているからだ。その見返りに、ローマ市は広大な領土全域に対して繁栄を保証していた。この視点からは、帝国内の経済現象を理解するとき、「市場経済」、「資本主義」、「経済の地方分権化」、「国家管理」という今日的な概念を使うことの有効性について総合的に再考することが求められている。重要なのは実態である。経済の発展によって明確になったのは、諸々の状況が無視できない形で影響を及ぼしていることである。容易にわかることだが、帝国レベルでは二つの時期があった。一つはアウグストゥス帝からマルクス・アウレリウス帝にいたる全般的に繁栄した時期であり、他はセウェルス朝末期からディオクレティアヌス帝にいたる幾度も深刻な危機に見舞われた時期である。この二つの時期のあいだには移行の周期があり、好況と不況が交互に訪れたが、なんとか不況を克服できた。どの時期でも、回復できない衰退という言葉は使えないだろう。

1　自由と統制

一〇〇万人の人口密集地で構成され、都市の維持・発展に必要な物資の調達や住民の欲求の充足の面で属州に依存しているローマ市の存在が、突如、脚光を浴びている。地理学者ストラボンは、首都のローマ人にとって地場の産品がもつ意義を強調することをけっして忘れなかった〔『地理誌』五、三、七〕。ローマ市につぐ二番目の経済発展の要因は皇帝自身であった。皇帝は、図抜けて大量の資源の消費者、大土地所有者、恩恵施与者、ローマ市に対する食糧供給の責任者であったからだ。それとは反対に、皇帝が実施した経済政策は、物価高騰のメカニズムや貨幣変動の影響を意識した介入以外、規模が限定的であり、本当の意味で連続性がなかったので、経済活動や富が分散化・細分化していたという見解は妥当だと考えられる傾向にある。徴税や貨幣制度はローマ世界共通の慣行に依拠していたが、その利用方法やそれに伴う影響は地方によって異なっていた。最近の研究では、考古学者によって繰り返し実施された発掘調査の成果に基づき、ふたたび帝国の経済地理の研究が話題になっている。問題は、地域ごとに生産地と居住地のリストを作成することではなくて、ローマ市と属州との関係および帝国の周縁地域の「離陸」の可能性に関する理論的評価である。

経済発展の中心は交易と通商であった。どこでも三種の金属（金、銀、銅の含有量が多い合金）に基づいた通貨体系が使われており、ギリシアの都市のように地方で貨幣の鋳造が続いていた場合、調整が行なわれていた。アウレウス金貨――二五デナリウス（基準貨幣たる銀貨）または一〇〇セステルティウス（青銅貨）に相当――は、高額な支払いや贈答で使われた。デナリウスは兵士や役人の俸給の支給に用いられ、名目的な取引や大量の取引にも使われた。日常生活での支払には、セステルティウス（四アスの価値をもつ計算貨幣）とアスが使われた。免租になっていなかった属州民は全員が直接税（地租や人頭税）を負担した。さらに、ローマ市民には相続財産に対して二〇分の一税（五パーセント）が課せられた。間接税は種類が多く、奴隷解放税・奴隷売買税・関税《ポルトリア》（商品価格の二〜二・五パーセント）・競売税・移牧税・入市税があった。税金の徴収によって貨幣経済は発展したが、これは収穫に対する一〇分の一税や家畜保有税が現物納であったこととは矛盾していない。皇帝金庫も、所有・鉱山・石切り場といった資産から収入を得ていた。

人と商品の移動がますます激しくなったので、企業家・生産者・職人はみずからの仕事を拡大できた。しかし、これらの人たちのなかで影響力をもっていたのは、社会のエリート層——元老院議員身分や騎士身分に属している人たち——であった。だからといって、解放奴隷のなかに、機敏にリスクを冒してチャンスを生かせるバイタリティー溢れる者がいなかったわけではない。元老院議員たちは、元老院議員身分であるため、原則として、商売や金銭を扱う仕事に従事できなかったので、ほとんどの場合、自分の家僕《ファミリア》のメンバーを介して収入源を増やしていた。

銀行家や実業家に関する研究は比較的進んでいる（J・アンドロ）。社会生活では有利子貸付は必要不可欠であった。すなわち、借金をしている貴族は、社会階層区分の基礎である土地資本には手をつけないで、むしろ借金をしていた。エリートたちも資金を融資するのをためらわず、法定利率（六〜一二パーセント）を上回る金利で融資することさえあった。仲介業者《アルゲンタリウス》と呼ばれる専門業者は、競売の際に金を預かり（利息付き）、落札者に融資する。両替業者《ヌンムラリウス》は硬貨の両替を行なうとともに、硬貨の品質を検査する。取立業者《コアクトル》は手数料をとって代金の取立を行なう。仲介取立業者《コアクトル・アルゲンタリウス》はこれら三つの業務を兼ねていた。帝政期、卸売業者《ネゴティアトル》はさまざまな財産（船荷がその一例）を担保に融資した。実業家はみな相互に密接な関係を保っていたが、ローマ市において経済の成長や後退の微細な兆候を察知して意思決定できるほど均質的な集団を形成していなかった。ローマ市は、ロンドンでも、ニューヨークでもなかったのである。皇帝たちのもと、交易は分散化し、属州民の手へ移っていった。このことは、元老院議員身分と騎士身分からの登用の推移と皇帝による両身分の補充政策を比較すれば、何ら驚くに値しない。

皇帝はローマ市および物資不足が許されない軍隊に対し供給責任を負っていた。税として納められた小麦や皇帝領の余剰農産物を当てにできる食糧配給局のほかに、当局は政治的性格を帯びた食糧給付を管理するさまざまな手段を有していた。市場価格以下での購入、徴発、夫役によって、少なくとも穀物とオリーブ油については「補助金が支出された市場」（T・チェルニア）が形成されていた。私的な運送業者や船主《ナウイクラリウス》は、特権や免税と引き換えに、国家の仕事を六年契約で請け負った。食糧給付や軍隊関係の輸送では、成約した商人や運送業者は自分の在庫を活用するのを禁止されてはいなかった。同時に、ローマ市はたんなる巨大な消費センターではなかった（J－P・モレル）。過剰な人口、皇帝の支出、元老院議員身分や騎士身分の者の生活習慣や趣味に刺激されて、生産・交易活動が盛んであった。競争があると、確かにローマの中枢部が優先され、皇帝の家僕や管理官《プロクラトル》がそれを監視していた。属州の軍隊は、気候条件が許せば、現地で食料を調達した。ワインとオリーブ油は、時の経過とともに固定したルートで供給された。しかし、当初公的市場の恩恵に浴していた拠点からは、消費の中心地と従来の産地の関係とは別のルートが生まれた。

2　繁栄の時代

アウグストゥス帝の時代から二世紀半ばまでに経済活動が飛躍的に発展したことは、発掘調査が可能なところならどこでも一目瞭然である。住居は変化して増え、都市は創建または改造されて素晴らしい記念建造物を具え、日常生活用品または貴重品、食器、容器は改良されて、交易の量的・質的発展や市場の新規開拓を示唆していた。海上交通では嵐が海賊よりも怖れられていて、勇敢な船乗り以外の者も大洋を往来していた。行政や軍隊のために道路が整備されたことによって、盗賊の標的であった商人や旅人は不安を抱かなくてすむようになり、河川には商品や旅人を運ぶ小舟が行きかっていた。監視拠点・中継地・宿泊施設がある宿場町ができたので、ラバの乗り手や車輛は簡単に移動できた。ローマ帝国は、アウグストゥス帝が新設した公共輸送サービス網を使って、警備員つきの伝令や役人を各地へ派遣した。いたるところで建設・開墾・生産が行なわれていた。農村では仕事が増え、その活力の回復は一部が都市住民向けの生産を飛躍的に向上させる真の原動力であった。土壌・農具・栽培方法に関する技術が改良された。飢饉はなくならなかったが、減少し、食べ物は多様化した。職人や商人は自分の仕事に誇りをもち、富裕な仲買人はふだんから共同体にありがたがられていた。

イタリアや帝国の西部では、中心となっていた建造物は農場邸宅《ウィラ》、すなわち農作地に建てられた農業センターであった。その規模はさまざまだが（三〇～三〇〇ヘクタール）、所有者が属している社会集団の豊かさに比例していた。基本は多品種栽培である。概観すると、地中海地方では穀物・オリーブ・ブドウ、その他の地域では野菜・果物が栽培され、草原・林・荒地では山羊・羊・牛が放牧されていた。これら開発地の特徴は、地形や土地区画によって異なった風景が広がっている環境に規定されていた。気象変動も影響していたのではないかと考えられているが、あまり正確なことはわかっていないようだ。土地に遺された条里やその他の幾何学的格子模様の意味と影響を再検討することによって、もっとはっきりしたことがわかるだろう。農場邸宅《ウィラ》を建設する論理は、条里で区画整理された空間をつくる論理とは異なっていた。すなわち、農場邸宅が建設される場所は、とくに、手軽に作柄を把握・確認できる場所であるかどうかとは関係がなかった。コルメッラ〔一世紀のガデス（現カディス）生まれの農事家〕に心酔した大土地所有者、自由農民または隷属状態下の小農民、農場管理人《ウィリクス》の命令下にある農業従事者（奴隷）が創意工夫を凝らしていた土地は、段丘、湿原、穀物栽培に適した泥土を含んだ土地、痩せた土壌の谷間、洪水で浸水する河川の流域、オリーブ栽培に適した石の多い乾燥した石灰質の土地、良質のブドウの栽培に適した日当たりのよい丘や丘の斜面、高地にある盆地であった。

　西方の属州では、ギリシアやヘレニズムの伝統（ローマも共有していた伝統）を継受している東方の属州よりも慣行が大幅に変った。属州アフリカ・プロコンスラリスと属州アシア、それに属州バエティカ、属州ガリア・ナルボネンシス、属州シリアの特定の地域、二つの砂漠に挟まれたナイル川の豊かな谷、もっと一般的にいうと、恵み豊かな海の恩恵に浴している肥沃な地中海沿岸地帯が農産物の大供給地であった。農業が盛んなことは一見してわかる繁栄の指標であり、あらゆる活動の基盤であった。農村経済の繁栄とともに職人仕事や工業方式の製造業の活力（J-P・モレル）も高まった。大半が皇帝の所有であった鉱山や石切り場の開発が経済に及ぼした影響を測定しようとするのは現実的ではない。どの地域でも、その開発の全部、あるいは大半が秘密にされていた。しかし、時代によって、政治または建設事業の要請によって、開発の速度は異なっていた。とくにガリアで活発だった鉄の開発は、地表近くに鉱床が分散していて、含有量が不均等であったことを考慮すると、原初的な環境に適合した方法を採用していた。それに反して、冶金業は手工業を活性化した。三世紀からは、アナトリアやシリアという東方がアフリカとともに活力を示しており、このことが、まだ充分わかっていない属州都市の経済に対する関心を喚起している。

3　三世紀の危機

経済面で国家が中心となって果たすべき役割は、財政や貨幣の問題のコントロールであり、これら問題とローマ世界の経済に関する全般的見解との関連づけであった。この点について皇帝の明確な政策があったのであろうか。皇帝たちは国庫の利益を守ろうとすることで満足していたのであろうか。好況時でも、すでに、通常短期間ではあるが急激な景気変動があり、脆弱な兆候も見られた。かの有名な三三年の危機は、富裕な資産家が過剰な借財をしていたことを反映しており、その規模は限られていて、大半が当事者心理に基づいていたが、地価下落と連動していたことは明らかであり、農業所得の増加と金利の上昇を伴っていた（T・チェルニア）[1]。大プリニウスはモラリストの立場から、ローマ貴族層に奢侈が蔓延していることに不安を覚え、インドとの交易（香料、香、香辛料、絹、宝石）の影響とそれが招く金の流出を懸念していた。すなわち、自給自足の市民生活という理想と関連がある土地資産の安定性の原則に反して、金払いのよさの魅力が元老院議員のあいだに広まるおそれがあった。ネロ帝は、当初、金の流出を防ぐべく金貨と銀貨を切り下げた〔J・アンドロ〕。ドミティアヌス帝はブドウの作付けを制限する二つの告示を発した。これらの告示は実際には適用されなかったが、ブドウ栽培との競合にさらされていた穀物を買いやすくすることを目的としていた。トラヤヌス帝が元老院議員に対し所有する資本の三分の一をイタリアに投資するよう要求したとき、同帝はとくに元老院のローマ＝イタリア的性格を維持しようと考えていた。皇帝たちが何ら一貫した経済政策を立てず、危機的状況に対応し、自然の法則に組みこまれている均衡へ戻すために介入したにすぎないと結論してよかろう。ローマ帝国は領土としては経済単位であったが、帝国の経済空間を合理的に組織する機関を備えてはいなかった。現在確認されている介入のメカニズムは、ローマの中枢部以外のところで恣意的に決められていた。自由主義体制そのものも、最小限の技術や行政の組織がないとうまく機能しない。

（1）多くの元老院議員が高利貸しをしていたので、ティベリウス帝は資産家に対し、所有する財産の三分の二をイタリアに投資するよう命じた。その結果、借金をしていた者は土地を売却せざるをえなくなり、地価が下落した。ティベリウス帝下では、ほとんど通貨が発行されなかったので、ますます通貨の流通量が減少したからである〔訳註〕。

軍事および政治上の出来事がきわめて重要であった。マルクス・アウレリウス帝以降、ドナウ川の沿岸に深刻な脅威が迫っているという意識によって状況が一変した。セウェルス朝は、重大な影響を招く決定まで行なって、ようやく信頼を回復させた。二五〇年から二七四年のあいだに貨幣制度全体が崩壊したのは、帝国のどの国境地帯でも、ひっきりなしに軍事面で困難な情勢が続いていたことと対応している。ウァレリアヌス帝が虜囚となった年（二六〇年）に、セステルティウス貨が市場から消滅したことによって、貨幣制度が崩壊して修復しがたい状態に陥り、帝国東部で諸都市の貨幣鋳造が瓦解する兆候が認められた。事実、交易が減少した。その原因は、ローマの支配に服していない自由なゲルマン人やペルシア帝国との関係が悪化したことにあると同時に、危機的状況に誘発されてローマ帝国の地方が細分化されたことにある。一斉に大惨事が発生するなか、帝位僭称者が出現したことは、兵士に迎合する時代の到来を告げた。追従し、褒賞するのと同じく、買収し、いずれにしても不満をもたせないようにすることが重要であった。ともかく国家の姿勢は急には変わらなかった。すなわち、統制経済も、介入主義も、大型の経済政策も、この、帝国の懐疑と抵抗の時代からは生まれなかった。さまざまな皇帝によって相ついで改革が試みられたことによって、ローマの伝統と支配の維持に拘泥するディオクレティアヌス帝の業績が生まれる基盤ができた。保護し管理すること、それが合言葉であった。

貨幣価値が崩れはじめたのは二世紀後半のことである。貨幣価値の下落が顕著になり、デナリウス銀貨の品位（純度）が下がりはじめた。セプティミウス・セウェルス帝による平価切下げはこの現象を容認し、品位を五〇パーセント切り下げた。この措置によって、俸給や軍事費の増加に対応したのである。二一五年、カラカッラ帝は、二五パーセント増額した俸給を確実に支給するため、二デナリウスの新銀貨、すなわちアントニニアヌス銀貨（古代のテクストには出てこない言葉）と呼ばれる貨幣を鋳造した。この貨幣の重量価値は名目価値を下回っており、貨幣には皇帝の冠として月桂冠ではなく放射状の冠が刻まれている。アントニニアヌス銀貨は、エラガバルス帝（在位：二一八〜二二二年）のとき発行が中止されたが、二三八年、兵士の機嫌をとろうとして、プピエヌス帝とバルビヌス帝が再発行した。しかし、デナリウス銀貨の流通量が減り、アントニニアヌス銀貨が基準貨幣として使われるようになるのは、デキウス帝（在位：二四九〜二五一年）の治政になってからである。ガッリエヌス帝が登位すると（二六〇年）、伝統的な青銅貨は鋳造されなくなり、アントニニアヌス銀貨は発行のたびに銀の含有量が減って（最終的には銀二パーセント）、銅の含有量の少ない悪質な青銅貨となった。硬貨の発行が繰り返され、一部が市場から引きあげられて、金貨が額面以上に評価されて使われつづけた。アウレリアヌス帝（在位：二七〇〜二七五年）は、ディオクレティアヌス帝に先立って改革を試みた。その改革の新しい点は、おそらく、独断的に各硬貨の名目価値を定めようとしたことにある。補助貨幣のアウレリアヌス貨（銀メッキした銅貨）は信用されず、国家にとって都合のいい金貨の鋳造が再開されると、青銅貨と銀貨がさらに使われなくなった。エジプトでは、アウレリアヌス帝の改革は物価の高騰を招いたと思われる。これは皇帝の政策に問題があったことを意味していた。これまでは、物価は硬貨の品位の変動にもっと敏感であると考えられていた。貨幣が硬貨の実勢価値に基づいて定められた額面価格の辺で安定することと、物価の統制および税金の徴収は別の問題であった。M・コルビエは、三世紀を通じて、インフレーションはおそらく年平均三パーセントであったと計算しているが、もっと高いピークがあったことを否定してはいない。日常の取引では、銅貨や補助貨幣の信用は維持されていた。おそらく、弱体化した分野では流通が制約されていたが、他の分野では、かなり長期間、昔の、それほど価値が下落していない退蔵硬貨が使われていたからだろう。いずれにしても、都市の衰退を計算に入れるのが軽率であるのと同じく、危機が選択的に社会に影響を及ぼしたと考えるのも無謀である。

Ⅲ　何千という都市

データを一つだけ記憶しなければならないとすれば、それはローマ帝国前期にいたるところで都市が増えたことだろう。ローマ帝国の空間は端から端まで「都市の帝国」となった。「ポリス」または「キウィタス」という、それぞれギリシアとローマのモデルに基づいて組織された地方共同体、人の身の丈に合ったこの政治単位は、ほぼすべての住民に対し、どうしても必要とされた集団のアイデンティティの範囲を示していた。これら地方共同体のほかに、地方共同体といえる集団はなかった。帝権はこれら共同体の代表者しか交渉相手として認めていなかった。厳粛な行為によって地方共同体が生まれ、「都市の権利《ユラ》」――明確な規則に基づいた制度や法律に基づいた自治だけでなく、財政面の権限およびローマ市やその他の都市と交易する特権を含む――が与えられた。どこでも地方政治はライバル精神や全体利益の感覚を具えており、法律の尊重を教えこもうとしていた。エリートによって統治されていた市民共同体は、市民の愛情、信頼、誇りをこのエリートに注ぎこんだ。

1　地位と自由

一見したところ、どの都市も特異であった。この事実は、ローマと双務契約を締結していたと考えられる共同体と同じように、地方の統治方式がさまざまであったことを強調している。過去（いつまで遡れるかは都市によって異なる）、歴史、征服者ローマとの関係は、そのいずれもが都市の等級および保有している自由――要するに政治的地位――を示す要素であった。大プリニウスが描いている図式が示唆しているように、アウグストゥス帝は、従来の特権を廃止しないで、共和政時代に生まれた都市の法的区分の数を減らした。イタリア以外では、ローマの都市でない都市は外人の都市であった。そのなかには「自由市」[1]の資格を維持した都市もあれば、条約が締結され、「同盟市」となった都市もあった。ラテン権《イウス・ラティイ》[2]、ついでローマ市民権を与えることによって、たんなるラテン共同体であった都市を段階的に完全な統合へと漸進させ、自治市または植民市へと昇格させた。まずローマ市民権との関係で、一世紀には、「ラテン権自治市」という特異な形態の自治市が多数生まれた。このラテン権自治市のことは、とくにイベリア半島で出土した青銅版に刻まれた都市法（憲章）〔九九頁参照〕によって知られている。それに反して、帝国の初期になると、例外を除いて、ラテン植民市[3]は設立されなかった。創建または昇格によって設立されたのは、ローマ植民市のみである。最終的に、都市の階層秩序は内戦の影響によって逆転した。この戦争以来、自治市は羨ましがられていた植民市よりも劣格となった。植民市はまさに「自由の特権」（F・ジャック）を有していたからだ。

（1）自由市は、自治を認められ、兵の駐屯も貢税も免れ、事実上独立していた都市のこと。ただし、ローマは一方的意思で自治を取り消すことができた。同盟市はローマと同盟を締結し、原則として都市内部の自治が認められていた都市である〔訳註〕。

（2）ラテン権を有する都市では、公職者は任期を全うすると、ローマ市民権を与えられた。さらに、大ラテン権を有する都市では、都市参事会員も任期を全うすれば、ローマ市民権が与えられた。前者のラテン権は小ラテン権と呼ばれる。帝政前期のラテン権は外人身分からローマ市民身分へ昇格させる中間段階の身分を反映しているといえる〔訳註〕。

（3）もともと、共和政時代初期にラテン同盟がローマの支援を得てラティウム地方につくった植民市のこと。外交権をもたないが、住民はローマ市民との通商権・通婚権および投票権を有し、ローマ市へ移住して登録すれば完全なローマ市民権が与えられた〔訳註〕。

帝国の東部は、カエサルやアウグストゥス帝の時代に、すでに植民市を受けいれていた。三世紀でも、ローマ世界全域で都市が植民市へ昇格した事例が確認されている。そのかわり、ギリシアやギリシア文化圏の属州では、ラテン権は知られていない。ラテン権の慣行や意義を分析しようとするとき、この事実を看過してはならない。ローマは、ギリシア人に対し、正式に自由市の資格を与えることによって、あるいは外人のままでいたいというポリス首脳部の意向を尊重することによって、完全な自由という幻想を残したのである。古くから帝国東部には地方自治の伝統があり、共同体はその適切な運営に必要な制度とエリートをそなえていた。指導者たちの政治経験、ギリシア文化に対する高い評価、ローマ自体がみずからをヘレニズム文明の継承者と思い込んでいた事実は、ローマの責任者が偉大な祖先の栄光の時代の立役者としてあまりふさわしくないと考えていた人たちに対して抱いていた慎重な姿勢や疑念（いや軽蔑）と拮抗していた。しかし、小アジアは由緒あるギリシアではなく、アナトリア地方の多くの都市は新たな活力を有していて、なかには他を圧倒するほど繁栄している都市もあった。ローマ当局は、何かといえばすぐ、感謝・優遇・援助を求める地方の名望家たちの反応や請願に気をつかっていた。

　西方のラテン語圏が都市活動とその知恵を見習ったのは、アウグストゥス帝の時代からである。都市化現象が拡大した速度と範囲は地域によって異なる。フラウィウス朝の梃入れにより、イベリア半島は都市化された。アウグストゥス帝以来、都市化のモデルに基づいて組織されたガリアでは、一世紀に徐々にラテン権が与えられた。ブリタニア、ゲルマニア、それにライン川とドナウ川の軍事地帯では、自治市格の都市や、ラテン権自治市と同様の都市が生まれた。自治や威信を気にする属州アフリカ・プロコンスラリスでは、錯綜していた地方共同体の地位が単純化され、わかりやすくなった。セウェルス朝時代、植民市カルタゴは管轄地《ペルティカ》が再画定されたことによって、新たに「セウェルス朝の」自治市がいくつか生まれた。都市の格上げは、領域の面だけにとどまらなかった。カルタゴ自体、ウティカやレプティス・マグナ同様、イタリア権《イウス・イタリクム》を得た。すなわち、これら植民市の土地はイタリアの一部と見なされ、租税が免除されたのである。(1) エジプトには典型的な事例があった。セプティミウス・セウェルス帝は、県《ノモス》の中心部に評議会《ブーレ》を開設することによって、エジプトにも都市化政策を適用した。帝国と都市は仲良く、互いに協力しあっていた。三世紀になっても、市民共同体の創設や昇格が行なわれ、それはガッリエヌス帝の時代まで続く。同様に、都市は降格したり消滅したりすることもあった。都市は地方を都市化させる芽であると同時に、属州の統治や行政の基本単位でもあった。多くの人にとって、都市は政治の見習いをする主たる場であった。

（1）属州の土地であるが、法律上イタリアの土地と同等に扱われる権利のこと。イタリア権が与えられた土地は、完全な私有地で、所有権の対象であり、免租地であった〔訳註〕。

2　地方政治

都市の制度は、起源が民主政であれ、貴族政であれ、同格でない階層化された三つの機関で構成されていた。すなわち、民衆（またはデモス）、役職者《マギストラトウス》（またはアルケ）と都市参事会《オルド》（または評議会（ブレ））である。

由緒あるギリシアの都市では、アテナイやスパルタの制度から、地方政治の主な分野（司法、財政、公共施設の管理、食糧給付、教育、宗教、競技）をカバーする公職や公共奉仕《レイトウルギア》(1)の制度を借用した。公職者や公共奉仕の名称およびその権限は都市によって異なる。最もよく採用されていた公職は、アルコン、将軍《ストラテゴス》、市場監督官《アゴラノモス》、書記《グランマテウス》、競技会長《アゴノスティス》、体育場長《ギュムナシアルコス》である。民会《エックレシア》や評議会《ブレ》といった、原則として民主政型の集会は長く存続した。多くのギリシア都市で、富裕な市民が終身の長老に任命されるスパルタ起源の長老会議《ゲルシア》が導入されたのは、おそらくアウグストゥス帝の時代になってからのことだろう。帝政期には、ポリスは貴族政治と化した。毎年評議会議員《ブレエウテス》を抽選で選出することは廃止され、議員になるには一定の財産要件が課せられた。評議会議員は終身制であった。評議会《ブレ》は地方政治の要であり、デモス（区）またはヒュレ(2)（部族）単位で財産を調査される民衆および例年選ばれる公職者を統制していて、まさに西方の都市参事会《オルド》に相当する機関となった。

（1）アテナイで、裕福な市民たちが交代で、戦時には三段櫂船艤装の費用や臨時戦争税など、平時には悲劇・喜劇上演時の合唱隊の費用、祭典での松明競争の実施費用などを負担した制度で、彼らが蓄積した富の一部を自発的に市民団に還元するという精神に基づいていた〔訳註〕。

（2）紀元前六世紀末にクレイステネスが定めたデモス制では、その基礎にデモス（区）という一三九の小共同体があった。このデモスを十のヒュレ（部族）に編成し、これが役人や評議会議員の選出、軍隊編成などの際の基本的単位であった〔訳註〕。

皇帝自身も、下心がなかったわけではないが、市民に対して贈り物を施さなければならなかった。市民が皇帝礼拝を始めたのはアウグストゥス帝に対する礼拝からである。皇帝礼拝は宗教的敬意から存命中の皇帝を神格化するものであり、神官に委嘱された。この神官への就任希望者は多く、声望がある者に委任されていたが、場合によっては属州の神官に委せられることもあった。とくにティベリウス帝やクラウディウス帝の所業の影響から現任の皇帝を支持する示威活動が衰退したときでも、皇帝礼拝は廃れなかった。

イタリアの都市や由緒ある西方の属州の都市には、共和政時代から継承した都市の地位の痕跡を遺している都市や、自治市に関するカエサル法が制定（紀元前四五年）されるまえに創建されたことを反映した複雑な制度を遺している都市があった。帝政期に追認・再編・創建された都市の大半はローマの国制を参考に諸規則が定められていた。すなわち、一年制の公職者、公職者を選挙する民会（投票は「クリア」という市民団の分割単位ごとに実施）、都市参事会（都市参事会員は各地方で実施される戸口調査を基礎に選出）の三つで構成されていた。フラウィウス朝時代のラテン権自治市の都市法（憲章）は、属州バエティカのマラカ〔現マラガ〕、サルペンサ〔現ファシアルカサル〕、イルニ〔セビリア南西のアルガミタス近郊〕から青銅板に刻まれたものが出土している。完全な形で出土してはいないが、公職者六人（二人委員、造営官、財務官がそれぞれ二人ずつ）のモデルが示されている。これら公職者は法律や規則を定め、地方の活動を活性化する役目を担っていた。公職者は都市参事会を招集し、議事日程を定め、議題について報告するか報告させる。市民や在留外人は都市参事会員から提案された公職者や神官の候補者を投票で選ぶだけであった。都市によっては、おそらく帝国の東部と同じように、成人男性全員がクリアに登録されてはいなかったと思われる。たとえ多数の者が登録されていたとしても、全員が民会へ出席できたかどうかは定かでない。市民の意向は、おそらく自然発生的に、フォルム・ロマヌム、見世物興行や市民の祭礼の場で表明されたのだろう。

地方政治は地方名望家たちの仕事であり、都市の中心部のみで行なわれていた。都市の中心部にはきわめて壮麗な宗教関係や非宗教関係の建物が建っていた。討議は都市参事会場《クリア》または評議会場《ブレウテリオン》で行なわれた。しかし、少なくとも帝国の東部では、全市民を証人とすべき場合、討議は公共の広場（アゴラ）で行なわれた。たとえばブルサ出身のディオ・クリュソストムム、プルタルコス、アエリウス・アリスティデスを読めば、これを理解できよう。都市参事会員《デクリオ》や評議会議員《ブレウテス》は決議《デクレトゥム》をするが、それには民衆の協力が必要であり、絶対多数または三分の二以上の多数で票決されねばならなかった。宗教活動、選挙と政治活動、都市の裁判の円滑な運営を担保するために、ほとんどすべての能力が費やされた。都市の公金や財政の管理も同じである。イルニの都市法（憲章）や数多く伝存している皇帝書簡から窺えるのは、都市の財政基盤が脆弱であり、財政問題に神経を尖がらせていたことだ。責任を担っている公職者たちは財政状況を説明し、自分の財産を担保に提供する。選挙で当選すると、都市の運営に資するため「公職就任負担金《スンマ・ホノラリア》」を納める。都市共同体の収入にはさまざまなものがあったが（地租、入市税、鉱山や石切り場の使用税、罰金）、その金額は都市の規模や威信に比べてかなりつましいことが多かった。個人の贈り物、すなわち恩恵施与《エウエルゲシア》(1)の負担割合は、現今再評価の対象となっていて、引きさげられる傾向にある。施与が市民生活を高揚するのに寄与していたことは間違いないが、都市自体の財政力が従来考えられていたよりも大きい役割を担っていたかどうかは定かでない。各地方の状況および名望家の行動や時代に応じて、含みを持たせて考えるほうが無難であろう。借金や気前のよさで同僚を上回ろうとする名望家同志の競争によって、都市は何度も財政難に見舞われた。

（1）富裕な名士による、都市、都市の市民、特定の集団の成員などに対する施与のこと。記念建造物の建立、競技の興行、金銭・

オリーブ油・小麦の給付などの形で行なわれた〔訳註〕。

3　文明生活の表現

ローマは都市をそれほど怖れていなかった。都市は軍隊を保有しておらず、独自の政策を遂行できなかったからである。しかし、帝権が都市を馬鹿にし、少し無駄だが、ときには破滅を招くおそれがある都市の気まぐれな活動を嘲笑していたと断ずるのは間違いであろう。ちょうど都市が皇帝を必要としていたように、皇帝も都市を必要としていたからだ。それゆえ、都市が過大な財政支出をする傾向、それに都市の、上からの解決を待つ姿勢が、皇帝を苛立たせた。自治は基本的な価値ではあるが、それには責任が伴った。地方の名望家の声明文は、うぬぼれが強く、もったいぶっていて、説教じみたものが多い。しかし、それは決まり文句であるのでそうなっているのではなく、市民生活の状況によって課せられた人間関係のスタイルから生まれたのである。吃驚させるような表現は、従いたいと思っていても、いつも従うことができない、いくつかの理想的な規範を積極的に表現しようとする手段であった。保守主義、都市が新しい状況へ適応しなければならなくなればなるほど念頭から離れない伝統への依拠、その背後に読みとるべきは、エリートや市民の、克服しようとしても克服できない共同体に対する愛着、独自のアイデンティティをもっているという誇りと驕り、法律で守られた市民生活には文明の構成要素がすべて包摂されているという意識を読みとる必要がある。物質的な困難、穀物の供給問題、内部抗争または近隣都市との敵対関係、属州総督や皇帝に従わねばならない卑屈な態度と義務、これらは自由、ならびに熱狂的な市民相互間のライバル意識の代償にほかならなかった。

　都市であるという栄誉は言葉だけのものではなかった。都市の守護神の加護により、都市の永続性は保証されていた。宗教は完全に共同体の形成に参画していた。神々が加護しつづけてくれるには、神々を崇めねばならない。競技や見世物興行を伴った祭礼は、神々が配慮してくれていることを人びとに伝えていた。さらに、都市の名を高めることは自信の問題であり、自尊心の問題であった。弁論大会、体育・詩・音楽のコンクール、劇場・競技場・円形闘技場での見世物興行、饗宴や贈り物は、農村や近隣都市の住民の関心を惹き、都市の名を高めるのに貢献した。このような行事が増え、多額の資金が使われれば使われるほど、また市民や外人に対する贈り物が多くなればなるほど、指導者たるエリートたちの名声は高まった。これらエリートも、都市の記念建造物に自分の公職や名声を刻む。記念建造物が美麗かつ独創的で、大規模なことは、地方のライバルたちに強烈な印象を与える。近隣住民に賞賛の念を抱かせ、羨望させ、通りがかりの賓客を吃驚させねばならない。ちょっとした機会をとらえて、躊躇《ためら》わず、市民社会が野蛮な社会でないことをはっきりと示した。時が経つとともに、地方の名望家は、自分の家族の遺産、貴族たる身分、良き教育に配慮し、皇帝たちが示す徳の基準に従って、公益のために、体得するのがむずかしい善意・高潔・献身といった精神を養っているふりをした。顕職探し《フィロティミア》にはかならず危険が伴うが、素直にライバル意識を表わしており、社会で優越していることと示していて、共同体もそれを認めざるをえなかった。社会に階層があり、不平等が現存するが、地方のエリートがつねに気配りしているので、同じ都市に帰属していることに基づいた連帯感が生まれていた。この連帯感が忘れさられると、市民の協和が崩れるおそれがあった。

祖国愛（ギリシア語では「フィロパトリス」という形容詞で表現される）は、ギリシアの都市では賞賛されるべきものであった。ラテン碑文でよく使われている定型表現の祖国愛《アモル・パトリアエ》は、故郷（ポリスまたは都市）と密接な繋がりがあることを示しており、「万人の祖国」（キケロ）であるローマ市に対する愛着ではなかった。この表現は、帝政期では、とくに帝国の東部や属州アフリカ・プロコンスラリスの碑文に多く登場する。故郷たる都市は、最も直接的な意味では、家族の出身地、去ったあとで戻ってくる父祖の地を意味した。住所を変えても、自由意志で同意するか、強制されて、明示的に放棄しないかぎり、個人の原籍《オリゴ》を変えることはできなかった。再説しておくが、祖国愛をもっていることは、とりわけ名望家の特性であった。文献には二つの形の祖国愛が登場する。元老院によって公に決議された祖国愛と名望家自身によって主張された祖国愛である。どんな場合でも、現在把握することができるのは、もともと抱いていた祖国愛に新たに付加された祖国愛のみである。例外的と考えられる情緒的な愛着を表明することは、状況に応じて、それなりにしっかりとした意味があった。祖国愛は、危険を回避したり、共同体を危機から救ったりする良き行為や決定を反映していた。もはや何も役に立たなくなったとき、「祖国」が前面に出てくる。「祖国」という言葉を使うことによって、全員がくつろいだ気持ちでいることができ、具象的で、生き生きとした、認識可能な、共同体の保全と保存に対する責任を自覚することができたのである。祖国に対しては、政治的アイデンティティ、および文明化された都市に永遠に帰属しているという感情が必要であった。誰しも、社会や家族の状況に応じて、できるかぎり祖国に従った。したがって、エメリタ〔現メリダ〕に住む在留外人《インコラ》がトゥルドゥリ族〔ルシタニアの部族〕の身分を要求したり、あるいはローマ市民権をもつ名望家の子であるマダウルロス〔在ヌミディア〕出身のアプレイウスが「半ばヌミディア人、半ばガエトゥリ人〔五頁の地図参照〕」〔『弁明』二四〕として登場したりしても矛盾していない。都市や祖国は、きわめて複雑化したアイデンティティ構造の最もわかりやすい部分にほかならなかった。ある祖国の出身者にとっては、次位の祖国はなかったのである。

市民で構成された都市こそ帝国の本質そのものであった。したがって、三世紀が都市の危機と衰退の時代ではなくて、政治面の統合が強化された時代であるとされる理由も理解できる。ポリスを推進したヘレニズムは革新しつづけた。西方の属州は都市の枠組みのなかでラテン化しつづけた。徐々に地方の状況に適合していったモデルが普遍性をもっていたことは、統一のなかに多様性があったこと示している。都市が小さくても大きくても発展を遂げることができ、自由を獲得できたのは、帝国のおかげであったといってしまうと、軽率と思われるかもしれない。しかし、都市と帝国という二つの組織は共生しており、脅威や危険をもたらす出来事とともに発展したと考えられる。都市に抵抗力があるかどうかは、帝国に抵抗力があるかどうかにかかっていた。何ら驚くべきことではない。それ以上に驚くべきは、都市の世界が活動的で野心にあふれたエリート——すなわち八〇〇〇万の住民のなかの比較的少数であるエリート——のエネルギーと関心を結集させていたことだ。ところが、エリートの周辺、距離が離れている、多少とも乗り越えがたい距離があるところでは、たとえエリートの大半が有力な政治の枠組みに組みこまれていても、集団や個人は文明化された中央とは距離を保っていた。問題は、資料にほとんど登場しない農村の大衆だけではなかった。さまざまな理由から社会の枠外に置かれ、既成の権力ではすべてを支配できないことを目撃していたさまざまな範疇に属する大衆も同じであった。

第四章　帝国の諸問題

ローマの支配や帝国の社会モデルは、悪行、日々の衝突、さらに深刻な危機をもたらす不平等のうえに築かれていた。法律はできたが、暴力に訴えることはやまず、国家そのものも、必要ならば暴力に訴えた。富裕者たちは貧困を根絶しようとせず、奴隷制度は継続し、栄えていた。エピクテトスのような人物には、奴隷制度を廃止することなど念頭になかった。それは宇宙の合理的秩序から生まれたものであったからだ。外国に対して開放的で、旅行や交易が盛んであったにもかかわらず、多くの人たちは、農民も部族集団も、互いに分断された世界で暮らしていた。醜業に従事する者（俳優、御者、剣闘士）とて同じであった。ほとんどの女性は、法律上も、事実上も、下級者か未成年者のように扱われていた。ローマ市民・公僕・兵士は保護され、特権を享受していた。古代の歴史家や後世の小説は、好んでこのような保護や特権について語っている。ローマ帝国は、正義のモデルでも、理想的な人間組織のモデルでもなかった。もちろん、それが問題なのではない。ローマ帝国は万人に望ましいと考えられる政治組織を生みだす触媒ではなかったからだ。事実上の君主政や統一したローマ文化が、領土やアイデンティティの面よりイデオロギーの面で統一原則の支柱となるのは、危機が過ぎ、そのあと再建の時代になってからにすぎない。ローマ支配に立ち向かっているのは、帝国の外側に住み、帝国に受けいれられて属州の富の分配に与《あずか》ることを期待している部族だけではなかった。ローマ帝国の市民も、文化的・宗教的伝統を名目に、あるいはただたんに遠方のペルシアの専制的と思われる制度を拒否して、集団として思考法を変え、社会関係を発展させようとした。征服された者の抵抗なのであろうか、それともローマ化の失敗なのであろうか。もはやそれは問題ではない。帝国の力強さ、および帝国の安定が長く続いたためその力強さから生まれた世界は、いたるところで革新の種を生み、その種は撒き散らされて、競合する多くの野心の糧となった。

I　ローマ化の問題

今日、ローマ化（ロマニザション）という言葉は、あまり評判がよくない。とくにアングロ・サクソンの歴史家のあいだでそうだ。しかし、この言葉が表現しようとしている実態がなくなったわけではなく、問題とされる事象に応じて、「政治の」、「経済の」、「文化の」といった形容辞をつけて論ずることが望ましい。したがって、ローマ化の概念は、属州のローマ支配によって生まれ、速度・段階・程度・反応の点できわめてさまざまな特徴を有する、一つだけではない、諸々のプロセスの総体を指している。帝政期は、地方が独自の方法でローマに順応してゆくとき現われる現象が強く認められた時代であった。

1　定義

ここ三〇年来、ローマと属州民の関係に関する議論は一変した。先住民の「抵抗」か「統合」のいずれかだ、とする議論はあまりにも単純化しすぎていると考えられた。行政組織たる属州の定義が部族や政治の範疇に収まらなかったので、なおさらそうである。そのうえ、属州という単位ではなく、各都市がそれぞれ独自に、名の通った、あるいは公認されたローマの有力者を交渉相手に定めていた。さらに大きな注目を集めているのが、カルタゴに勝利し元老院よりも属州エリートの意見に耳を傾けようとするローマ当局と向きあって、議論を欠かすことがなかった属州エリートの対応力と決断力である。みずからの影響力を意識した世論に注目する行政の悪癖に陥らないで、たえず対話を交わすのはもちろんのこと、属州民が財政や裁判のような難しい分野でも意見を発信し、それを管轄当局まで具申できたことを認めねばならない。勝利した側に、何とかして征服した民を同化させようとする明確な政策がなかったからといって、「ローマ化」の概念の価値が下がるわけではない。歴代のローマ当局は、征服した民がローマの偉大さに貢献し、もはや当局を敵と見なさないようになるまで満足しなかった。信義《フィデス》とは、相互性が保証されずにローマに与えられた信用にほかならなかった。平和とは、ローマ市が主導権をもち、ローマの制度と権威が帝国内の政治・経済・社会・文化の関係を先導していることを意味した。政治や法制度のローマ化につづく「第二次のローマ化」では、関心は社会・文化の領域に移行する。すなわち、ポントゥス地方アマセイア出身のギリシア人のストラボンが述べているように、「視線をローマの方へ向ける」ことにあった。そうすることによって、ローマ中央からの影響や属州文化のローマの水準との距離を説明することができる。蛮族の不安、あるいは蛮族と見られていることに対する不安は、あまり語られることはないが、決定的な要素であった。帝国は正真正銘の自由を与えるより、無関心を装った。自治は独立ではなかった。ローマの支配の基層を構成している多くの共同体では、日々、見すると連続しているかに見える微細な修正をもたらす、従来なかった融合という創造的な文化の合成が行なわれていた。

2 変容

地方社会における文化面の変容のことは充分解明されていない。このテーマの研究を進展させる論文の数がいまだ少なく、再評価、いや、むしろモデルを当時の時代のの文脈に適合させるため「脱構築」(1)する必要があるモデルの構築という必然的な過程を経なければならない。どんな言葉を用いても、言葉だけでは現実に起こったことを明確に表現することはできないからだ。「アウグストゥスの革命」によって起こった文化の組みあわせや混合を最もよく反映した史料のなかでは、奉献や葬礼の碑文、職人の作品と芸術作品が最も信頼できる指標を与えてくれる。有力な言語が用いられ、征服者の伝統から借用された素材が使われていても、表現が均質的でないのは、属州民たちが外部からの働きかけに対し、個人または集団の戦略に基づいて反応していたことを示している。この戦略はローマの優越性に対する魅力や魅惑を反映していると同時に、努力しないでローマ文化に対し愛着をもつことができなかったことを示している。すでに指摘されているように（G・ウルフ）、時代が経過するとともに新しい物質文明が必要とされた。陶器・アンフォラ・共同浴場・家屋・廃棄物、これら自体、新しい食習慣、衛生観念の向上、社会関係の革新、移りかわる嗜好を反映している。どの社会階層に属していようと、確かに、各人が当時の規範に同化しようとする理由があった。問題は、この選択がどの程度受益者の価値を高めたのか、あるいは逆に、このような努力がどの程度正当しくなかったのかである。この場合、大きな影響を与えたのは、ローマの視線よりも、同胞市民の視線であった。ただちに愛着を抱く者、あるいは完全に拒否する者はほとんどいなかった。それは、所与の環境における個人や集団の解釈の問題であった。

（1）テクストを成立させている論理構造を解体し、それらのうちの有用な要素を用いて、建設的に、新たな別の論理構造を再構築すること。デリダの造語 déconstruire の訳語。〔訳註〕。

3　新たなアイデンティティ

事実、「ガリアのローマ人」、「ヒスパニアのローマ人」、「ギリシアのローマ人」ではなく、「ローマ人」

になるように仕向けられていた。すなわち、両方に属しているという感情は確固たるアイデンティティではなく、過渡的段階もしくは移行過程を示しており、けっして口外されることはなかった。しかし、誰しも、まさにこの動きの外にいることはできなかった。これは変容や新規性の表現が多種多様であったことを示唆している。さらに、「ローマ人」になった者は、結局、自己流でローマ人になったにすぎなかった。ローマ文化を習得したことを証明する特別の方式はなかったからだ。原則として、政治や法律面の統合の度合いに応じて、ローマ化が完了したか、あるいは完了過程にあるかが判定された。消費や衣服の様式、他の言語の採用は、継承されてきた文化的含蓄がある伝統や思考法の放棄を意味してはいなかった。その反対に、母親から受けついだ言語や文化に愛着をもつことは、あらゆる進歩を拒否したり、放棄したりすることを意味していなかった。この点で、ギリシア都市のエリートたちの事例は熟考に値する。ギリシア人はギリシア人のままであり、「外人嫌い」のままであったといわれる。長い歴史に恵まれ、優越感に支えられて、強烈なアイデンティティをもつ文化の担い手を自任していたからだ。そうしながらも、普遍性を気にするギリシアの知識人みずからが仕掛けた落とし穴を避けることはできなかった。ディオ・クリュソストム（プルサ出身）やアエリウス・アリスティデスは、自分の都市であれ、賛美することを依頼された都市であれ、都市の現実に直面しても、仮想上のギリシアの大義に抵抗せず、それを擁護した。だが、ギリシア人は守るべき立場について意見が一致していなかった。ギリシア人全員が払拭できないポリスの遺産を背負っていたからである。その遺産とは、ギリシア人や彼らの都市を含むすべての他者とつねに競争するという性向であった。これが祖国——すなわち自由で、都市のことだけを考えておきさえすればこと足りる共同体——に貢献できる、受けいれ可能と考えられた唯一の方法であった。ローマはこの意味でギリシア人が堂々巡りするのを妨げようとはしなかった。ローマの姿勢は、ポリスを擁護することによって、同じ目的に役立ったからである。プルタルコスはこれを説明し、同胞に対して、民生関係の公職に就いて、事態の推移に影響を及ぼすよう促した〔『政治家になるための教訓集』一七〕。ほかの者も激しい競争を始め、ローマの主《あるじ》の栄誉をたたえて、ローマにみずからの共同体に対して恩恵を施してもらおうとした。ギリシア都市のエリートたちは、徐々に、彼らが慣れ親しんだ、神の偉大な力の描写から借用した定型文句を使って、彼らの言語を彼らが抱いている皇帝や皇権に対する認識に適合させることができたのである（S・プライス）。

II　反乱の問題

本書で意識的に省略した征服のエピソードのほかに、皇帝やローマ国家の支配に対して激しい反発が起こったことがある。このことは、必ずしも、当事者が明確なアイデンティティを追求したり、帝国を離脱しようとしていたことを意味してはいなかった。しかし、注目すべきは、アウグストゥス帝によって制定された行政規則に適応してゆく時代に、最も深刻な危機が数多く発生したことである。

1　徴税の役割

ガリアの事例は危機的な状況や紛争の好例を提供している。ときにそう書かれることがあるが、ガリアに特別の問題があったわけではない。ガリア人がローマ人に抱かせていたと考えられている「恐怖」は、史料には出てこない。独立時代への郷愁が原因であったとする見解も、さらに検証に耐えるものではない。専制的と考えられている権力に対抗したときでさえ、ガリアには統一も共同戦線もなかったからである。ガリアの諸属州は、とくに、ライン川河畔の軍事情勢、法外と思われる税金の誅求、行政の統合による名望家同士の競争によって脆弱化することが多かったエリートたちの負担とされた新たな責任に対して反発したのである。つまり、税金および徴兵問題が頭を悩ませた二つの問題であった。これらの基礎となる戸口調査は、アウグストゥスの時代以来、耐え難いものであった。同帝が、おそらく、カエサルの定めた全ガリアに対する課税額四〇〇〇万セステルティウスを引き上げていたからだろう。紀元前一五年の管理官《プロクラトル》リキニウスの詐取、(1) 二一年のガリア諸都市の反乱（とくにトレウィリ族とアエドゥイ族の反乱）、六八〜七〇年の内乱のときのエピソードは、おそらく、課税額そのものの重圧感よりも、徴税手法が与えた影響のほうが大きかったことを示している。現金または軍用物資の形での諸都市の負担以外に、戸口調査の結果と共同体の納税額（一部は市民や都市の実際の豊かさに基づき決定された）とのギャップが不平等感と不満を発生させた原因である。タキトゥスを読むと、ティベリウス帝によって特権の一部が廃止されたことに不満をもったトレウィリ族やアエドゥイ族のエリートたちは、もはやすべての義務——税金の定期的納付の保証、都市の美化と快適な生活に対する負担、新興成金との競争に対する対抗措置、敵の危険に立ち向かう若き兵士の定期的徴募の保証——を履行できる状態ではなかった。このような事態に陥り、行きすぎが嵩《こう》じて事態が悪化すると、地方の名望家には、過剰な借金を抱えて、自分の地位を維持できなくなる者が続出した。それに反して、ウィンデクスの反乱（六八年）は、ネロ帝の徴税の行きすぎから発生したことが明らかだとしても、そのあとの事態は、内戦によって引き起こされたものだと理解すべきであろう。内戦は政治的野心を満足させるのにも、平和が戻れば非難の対象とされる口外できないほど多額な利益を稼ぐのにも、都合がよかったからだ。七〇年春にドゥロコルトルム（現ランス）で開催されたガリアの属州会議は、ローマとガリア国家のいずれを選ぶかを決定することを目的とした全ガリアの国民会議というにはほど遠く、皇帝の頻繁な交代による権力の空白、復讐の恐怖、ならびにウィテリウスに従えば勝利し処罰されることはないと信じていた者たちとウェスパシアヌス派との対立で説明がつく。(2) ガリアの例は一つの例にすぎない。

（1）リキニウスはアウグストゥス帝配下のガリアの管理官（プロクラトル）。彼は任地で、十二月は十番目の月（十二月（december）の原義は「十番目の月」）だといって、税金を二か月分余計に徴収したといわれる。訴えられ、アウグストゥス帝により更迭された〔訳註〕。

（2）六九年、ローマに補助軍を提供していたバタウィ族の長ユリウス・キウィリスは、ネロ帝に対する不満から、ウェシパシアヌスを支持し、ウィテリウス派に援軍を送らず、同派支配下のゲルマニア軍団駐屯地ウェテラを包囲し、他のガリアのトレウィリ族やリンゴネス族の支持をえて、降伏させた。結局、ゲルマニア駐屯の四軍団が「ガリア帝国」樹立を宣言した。この帝国側はすぐ分裂、ウェシパシアヌスは鎮圧するため軍隊派遣を準備をした。七〇年、ガリアのセクアニ族がリンゴネス族を撃破したとき、ドゥロコルトルムが属州会議が開催し、独立か平和のいずれを選ぶかが議論され、後者が選ばれた〔訳註〕。

本書が考察の対象としている一～三世紀については、さらに分析が進めば、精緻な類型ができるかもしれない。二三八年のテュスドゥルス（チュニジアの現エル・ジェム）で発生した属州アフリカの反乱については、簡単に指摘しておくに止めておこう。この反乱が起こった契機は、マクシミヌス・トラクス（在位：二三五～二三八年）帝配下の税務当局がこの地の地主に対して敵対的な態度をとったことにある。この属州の総督《プロコンスル》ゴルディアヌスが皇帝を僭称したことで、属州アフリカの「青年貴族たち」の反乱が始まった。近くに駐屯していた属州ヌミディアの軍隊が鎮圧に乗りだし、僭称帝の子〔ゴルディアヌス二世〕を殺害したので、この僭称帝は自害した。最終的には皇帝マクシミヌス・トラクスが事件の犠牲者となり、ゴルディアヌス一世の孫のゴルディアヌス三世（在位：二三八～二四四年）と交代した。

総括すると、反乱が起こる状況には明確に二つの類型があった。内乱が起こり実際に激しい衝突が起こった型と、孤立状態に陥った反乱が断罪され、当初成功を収めたものの、過酷な鎮圧によって不幸な敗者とされた型である。

2　不満と対決

帝国の各地で慢性的に暴力行為が発生していたが、つねに武力を伴った反乱になったわけではない。何の兆候もなく突如として事件が起こり、当局の代表者の不意を突いた。ローマ市では、皇帝は身を挺して大衆を鎮静化させねばならなかった。属州の都市では、ふつう、自然災害や旱魃から起こる飢饉が暴動へ発展することがあった。投機家は、贋《にせ》の投機家も含め、属州の総督に保護されているにもかかわらず、指弾され、激しい攻撃に晒《さら》された。農村では不満をもった住民が皇帝に直訴し、損害賠償を求めることが多かった。とくに紛争の原因が兵士や役人であった場合がそうである。貧窮、孤立、法律遵守の拒否、行政の弱体化によって、強盗が増加した。しかし、史料が強盗について語っているのは、事件が直接、権力と皇帝の身辺に影響を及ぼした場合に限られる。この意味で特徴的なのが、作り話といわれることさえある脱走兵マテルヌスの反乱である。マテルヌスはゲルマニアを出発し、一八五年から一八七年にかけてガリアを略奪、そのあとローマ市でコンモドゥス帝の暗殺を企てた。相手を「公敵」と見せかけることが、この種の企てを劇化させる手法の一つであった。一七二年に起こったエジプトのブコロイの反乱の初期にも、同じことが認められる。ナイル川デルタの「牛飼いたち」は、神官イッシドルに唆され、アレクサンドリアを脅かしたが、有能な将軍C・アウィディウス・カッシウス（のちにマルクス・アウレリウス帝死亡の風聞を信じ、ごく短期間、帝位を僭称した将軍）によってやっとのことで鎮圧された。宗教的側面があり、それが社会問題（村から逃散していた農民と合流）および抵抗や詭計に適した自然環境と結びついていた。しかし、強盗が会戦で勝利を収めた記録も遺されている。理由のいかんにかかわらず、当局の対応が遅れたため、運動が簡単に拡大した。エジプトで何度も暴力行為が発生したのは、とくにアレクサンドリアにおいてである。アレクサンドリア住民とアウグストゥス時代に評議会《ブレ》を廃止したローマ当局とのあいだで恒常的に発生していた紛争に加わったのが、ギリシア人共同体とユダヤ人の共同体間でしばしば発生していた不和、ならびに社会の底辺で生きている者や移動禁止令に違反した家族で増えた過剰な混血した民衆の激しい感性であった。

一見したところ、宗教はローマ帝国で発生した激しい紛争の原因ではなかった。地方の複雑な伝統から生まれたさまざまな宗教がいたるところで接触していた。東方の宗教は、ギリシア化していようといまいと、新規さあるいは異常さから生じた対立を除くと、本当の意味で対立を起こさずに西方へ伝播した。アフリカ、イベリア半島、ガリア、ブリタニアでは、ローマ時代以前の神々に対する信仰が盛んであった。誰もが、個人的には、自分が選んだ神々を崇めていた。おそらく、非ローマの神官や聖所の責任者は監視下におかれていたと思われる。しかし、ドルイド僧による布教や人身御供が公式に禁止の対象とされていたとしても、これらの禁令がつねに適用されていたわけではない。注目すべきは、ドルイド教や人身御供は迷信と見なされていたが、権力側にとって宗教の行きすぎは呪術と同じように危険であったことだ。未来を予知しようとする宗教行為は、死亡を願っている皇帝に対する不信の表明と考えられていた。確かに宗教上の罪は存在した。それは節度を欠いた態度から生まれる。このような態度はローマ市や諸都市の公式の宗教が依拠している「神々の平和」に有害であると考えられていたからだ。集団の儀式への参加は義務ではなかった。宗教行事が有効に成立するには、一人の公職者と一人の神官が出席していればよかったからだ。ローマ市民なら誰でも、きわめて重要な祭儀の実施を妨害すると、重大な危険に晒されるおそれがあった。「受けいれ可能なもの」（S・プライス）の境界、したがって、受けいれ不可能なものとの境界を判定する基準は、父祖の宗教に対する忠節を優先させているかどうかにかかっていた。都市を変えてローマ市民になるや、崇めるべき父祖の神々は国家《レス・プブリカ》や帝国の守護神となった。ユダヤ人はローマ市民となってもみずからの宗教の放棄を求められなかったが、何ごともローマの父祖の神々に背いて行なってはならなかった。ローマは主義として寛容ではなかった。宗教談義で無神論（神々の否定）を公言することは許されなかった。宗教は共同体への帰属を示す強力な指標であった。ローマの権力は、その共同体のなかで、目に見えない主《あるじ》によって明確に特定され、守護されていたのである。

3　ユダヤ人とキリスト教徒

これら二つの共同体のあいだで紛争があったにもかかわらず、また、キリスト教勝利後の史料がユダヤ人を貶しているにもかかわらず、それぞれの共同体とローマの関係が問題とされるとき、両者を一緒に論ずるのが歴史叙述の慣わしになっている。というのは、キリスト教がユダヤ教から派生したこと以外に、両者の宗教体系が古代世界固有の多神教ではなく、一神教であるからだ。ユダヤ教はキリスト教より古く、特定の共同体と結びついていて、その中心が聖地周辺にあったので、ローマ当局と何度も戦争をする羽目になった。

ユダヤ人は明確に二つの集団に分れていた。バビロン捕囚から帰国したあと再建されたイェルサレム神殿（第二神殿）の周辺で暮らしていたユダヤ在住のユダヤ人と、ローマ市にもいたが、とくにアレクサンドリア市、キュレナイカ地方、小アジアの共同体に住んでいて、ギリシア化し離散していたユダヤ人である。そのほか、ローマ帝国の外側に住んでいたユダヤ人も忘れてはならない。聖地イェルサレムは、ユダヤ人とローマ人が憎しみあい、ときには相互理解ができなくなるほど敵愾心溢れる地であった。ローマ側のスポークスマンとして活躍したタキトゥスによるユダヤ教およびその勤行や戒律に関する描写は、ローマのエリートが一神教やモーゼの律法を理解していなかったことを示している。つねに陰謀を企てるのではないかと怖れられていたことも同じである。タキトゥスが、厳密に確認も検討もしようとせず、現実を戯画化し、著しく歪曲した主張を報告していることは驚くに値しないし、ユダヤ教を笑いものにする扱いと相いれなくもない。アウグストゥス時代の野蛮の基準はエジプトの宗教やその神格化された動物にも適用され、迷信に対する考え方や神々との誤った距離感を生んだ。ユダヤ教はローマの神々を否定していた。ヤーヴェは世界の支配を約束されたユダヤ人だけの神であった。このような考え方は、ローマ人からすると、無秩序を招き、ローマの支配を問題視させたにすぎなかったのかもしれない。

紀元前六三年、ポンペイウスが「至聖所」〔「契約の櫃」が安置されたイェルサレム神殿の内陣〕に侵入して以来、ローマによる支配は耐えがたいものであった。紀元六年、ヘロデが波乱に満ちた形で継承したあと、ユダヤに騎士身分の総督が統治する属州が設置されたことによって、拒否行動が悪化した。紛争の核心は宗教ではなく、統治にあった。ローマ政府の専断と不手際が暴力を爆発させた。宗教的確信が戦争の火を煽った。

ユダヤを舞台とする二つの大規模な対決が発生したのは、六六〜七〇年と一三二〜一三五年である。ユダヤ人は独立したパレスティナの建設という願望ではほぼ全員が一致していたが、みずからの領土から追い払おうとするローマ当局に対して統一戦線を組むにはほど遠い状況であった。宗教的亀裂に、社会の対立、個人的抗争、部族の分裂がともなった。フラウィウス・ヨセフスが「熱心党」または「第四の哲学」と名づけた最も過激な分子に活躍の余地を与えた。名望家たちが明確な態度を示さなかったからである。戦争は当地を治めていた管理者《プロクラトル》の挑発から始まった。当初暴徒が成功を収めたので、この戦争は簡単に拡大した。効果的な反撃をほとんど準備していなかったローマ当局に対し暴徒が反旗を翻したからである。六七年、ネロ帝は鎮圧のためウェスパシアヌスを任命した。驚嘆すべきは、このウェスパシアヌスが、確かにティトゥスに補佐されていたとはいえ、ユダヤ戦争と帝国制覇という内戦を同時併行的に遂行できたことである。七〇年夏のイェルサレム占領は、火災で大損害を蒙った神殿の破壊によって終わった。いつものことだが、この惨劇の責任者特定することは難しく、論争の的となっている。

ユダヤ教にとっては、神殿をもたない新しい時代が始まった。フラウィウス・ヨセフスは、七三年に集団自決で終わった死海沿岸のマサダ要塞の抵抗で示された英雄的行為に対して敬意を表している。約六〇年後、バル・コホバ（シメオン・バル・コシバ）がイスラエル国家を復活しようとして反乱を首謀した。反乱鎮圧に三年という期間を要したので、反撃体制を整えるのに時間を要するローマの欠陥が露呈した。反徒は地形を天然の隠れ家にして抵抗した。鎮圧は容赦なかった。イェルサレムは名称が変更されて植民市アエリア・カピトリナとなり、属州の名称もシリア＝パレスティナとなった。大敗を喫したユダヤ教は弱体化し、生きのびるため再編成を余儀なくされた。帝国内のユダヤ人全員に半シェケルの税金が課せられた。この税金はドミティアヌス帝以来、ユダヤ金庫《フィスクス・ユダイクス》(1) に収められていたものである。

（1）ユダヤ人は、もともとイェルサレム神殿の補修費（二デナリウス／年）を納めていたが、六六〜七〇年のユダヤ人の反乱のあと、人頭税をとして同額の人頭税を納めることになった。この税を収納した皇帝金庫のこと〔訳註〕。

ユダヤでのこのような出来事は、多数の宗教仲間を民族離散へ追いやった。離散が最も爆発的に増加したのは、一一五〜一一七年のことである。キュレナイカ・アレクサンドリア・エジプト・キプロス島・メソポタミアのユダヤ人は、トラヤヌス帝に対し熾烈な戦争を挑んだ。パルティアとの戦争に忙殺されていたトラヤヌス帝はこの鎮圧を彼の代行《レガトゥス》Q・マルキウス・トゥルボに託した。おそらく反乱の中心地はアレクサンドリアよりもキュレネ〔リビアの現シャハット〕であり、反乱発生の契機はユダヤ人とギリシア人の紛争であった。大量虐殺と弾圧はエジプトのユダヤ人社会に弔鐘を鳴らした。ティベリウス帝治下のフィロン〔アレクサンドリアのユダヤ人哲学者〕の時代から、政治紛争でユダヤ人とギリシア人が激しく対立していたし、その彼方ではアレクサンドリアのユダヤ人とローマが対立していた。パレスティナ以外の地でも、ユダヤ教はローマ当局およびユダヤ教を頑迷な自主独立主義としか考えない他の社会集団に受けいれられる固有のアイデンティティを探求するのに失敗した。しかし、ユダヤ人は、古代の他の民族と同じく、「国民宗教」の原則——一般に認められている政治上の共同体と父祖の宗教が一致する原則——に基づいていた。したがって、外国人の拒絶やユダヤ中心主義がもつ排他性こそ、双方から発せられ制御できない誤解や風聞が生ずる主な原因であった。クラウディウス帝のアレクサンドリア住民宛書簡[1]によって長引くことになったカリグラ帝治下の皇帝礼拝のエピソードは、その一例である。ヤムニア〔テルアビブ南方の現ヤブネ〕で皇帝礼拝の祭壇が破壊されたため、カリグラ帝はイェルサレム神殿に自分の彫像を置こうとして、ユダヤ人を挑発した。緊張と暴動の危険をまえにして、クラウディウス帝はアレクサンドリア住民にユダヤ教の尊重を強要したが、ユダヤ人に対してもギリシア系住民との政治的平等の要求を諦めるよう命じた。周知のように、このような妥協はけっして永続きするものではない。

(1) 四一年にクラウディウス帝が皇帝に就任した際、アレクサンドリア住民は新皇帝に使節を派遣し、登位を祝賀し、格別の計らいを乞うと同時に、諸々の問題の解決を要請した。これに対し、同帝が送った書簡(『大英博物館パピルス文書』一九一二)〔訳註〕。

同様に、皇帝礼拝を巡って、キリスト教徒と帝国のあいだで紛争が顕在化した。キリスト教徒はユダヤ人であったので、長いあいだキリスト教はユダヤ教の一宗派と間違えられていた。この新しい宗教を最初に受けいれたのが離散していたユダヤ共同体であったから、なおさらのことである。六四年、ネロ帝はユダヤ共同体がローマ市に放火したと非難した。ローマ市のテヴェレ川対岸地域にきわめて多数住んでいたユダヤ人とキリスト教徒が混同されていることにつけ込んだのである。新たな法律上の措置は定められず、キリスト教禁令の告示の発布も主張されなかった。

キリスト教が早い段階からタルスス生まれのパウロを後ろ盾として広まったのは、帝国の東部においてであった。パウロの影響のもと、キリスト教はヘブライ人が「異邦人」と考えていた者に対して門戸を開き、政治的共同体への帰属とは切り離された。このようにキリスト教が発展したことによって、小プリニウスがトラヤヌス帝宛に認《したた》めたポントゥス地方のキリスト教徒に関する書簡〔『書簡集』一〇、四六〕が証言しているように、キリスト教とローマの規範との断絶が明確になった。ローマの責任者のあいだでも、世論でも、しだいにキリスト教徒とユダヤ人が区別される。三世紀はキリスト教徒とキリスト教のアイデンティティ確立のうえで決定的な時代であり、あらゆる類の厳しい紛争を経験した、二世紀のキリスト教共同体とは、かけ離れた一つの教会の設立が準備されたのは、この世紀のことである。対立や迫害のなか、国家およびキリスト教徒自身の責任を追及することが適切であるとは考えられなかった。キリスト教の共同体がますます外部に対して可視化されるにつれ（A・ルセッル）、事がうまく運ばないと、キリスト教徒は当局によって訴追された。三世紀の危機によって、キリスト教徒全員に遅くとも二一二年にはローマ市民権が与えられていたにもかかわらず、ローマ当局にとって、もはやいかに逮捕し、いかに同化させたらよいのかわからない頑迷な一神教信者に対する計画的な迫害が促進されることになった。キリスト教徒は秘密集会を開くので怖れられており、散発的な暴力や中傷的告発の対象となった。彼らの大多数は挑戦的ではなく、反抗もしなかった。キリスト教徒にはあらゆる社会階層の者が含まれていた。帝国の東部でキリスト教の共同体が興隆したが、これはユダヤ教の崩壊と直接的な関係はない。アレクサンドリアでは、キリスト教徒はトラヤヌス帝時代の事件のときのユダヤ人と同じ理由で虐殺された。一五〇年頃、外部から観察していた者には、二つの共同体は明確に区別されていたと思われる。一般化するのにはほど遠いが、殉教者の追及は最も過激な信者に試練を科した。迫害の例としては、一七七年のリヨン、二〇三年のカルタゴの前例がある。ルキアノスは『逃亡者』において、是が非でも有名になろうとして、しばしキリスト教に転向した犬儒派哲学の花形の一女性を告発した。帝国の守護神を敬うのを頑迷に拒否した者に対しては、公共の敵に対する懲罰が科せられた。皇帝礼拝は帝国の守護神に対する広く普及していた礼拝の一形態であったからだ。共同体への帰属を示すのにキリスト教徒という「名」だけにして、「偶像」に供犠を捧げない者は、二五〇年のデキウス帝の告示によって公式に訴追された。この告示は二五七年のウァレリアヌス帝の告示によって延長された。ガッリエヌス帝がこの告示の適用を中止したので、明らかに迫害が一時中断された。アウレリアヌス帝が全般的に適用できる措置を講じたとは証明されていない。ごく僅かな例外を除き、皇帝たちはキリスト教徒を保護も迫害もしなかった。内部の秩序および当局が受けた危険が迫害の決定を下す基準であった。宗教については、他の問題と同じように、国家の暴力によって信仰の普及を阻止できなかった。懲罰の恐怖から多くの者が妥協を強いられた。熱心な信者が死刑に処せられたため、多くの者が妥協の時期を遅らせた。最終的な争点が権力の奪取にあることを予想させるものは何もなかった。しかしながら、三世紀末、ディオクレティアヌス帝が棄教させようとまさに最後の努力をしているとき、カトリック共同体は、一つの教会の庇護のもと諸々の都市で構成された帝国で地歩を固めていた。

Ⅲ　外来部族の問題

最近まで、キリスト教の大成功と蛮族の勝利は密接不可分であると考えられてきた。この独断的な構図が否定されたことによって、「蛮族」という言葉は適当ではないと指摘された。というのは、ゲルマン人、ペルシア人、アラビア人などローマ帝国の近くにいた多くの部族は、組織されておらず統制もとれていない野蛮な集団ではなかったからである。そのうえ、これらすべての部族が団結し、神々が欲したローマ帝国の破壊という責務を果たしたわけでもなかった。地理的に多様な国境にはさまざまな部族が住み、外来部族《エクステルニ》という言葉で表現されるきわめて多様な野心が蠢《うごめ》いていた。

1　帝国弱体化の兆し

二三五年から二八四年にかけて、帝国の国境は大きな危険に晒され、攻撃された。帝国の反撃力が政治的・軍事的抗争によって弱体化したので、困難、やがて危険が蓄積することになり、帝国の統一の欠如が地方のさまざまな分野における行政的・物資的連携と両立しなくはない――が、おそらく矛盾している――ことが証明された。

セウェルス朝時代、帝国の国境は安定化の方向へ向かっていた。これはローマが守勢であったことを意味するものではない。ブリタニアの防壁（「ハドリアヌスの長城」のこと）、カラカッラ帝治世下に石材で構築されたゲルマニア＝ラエティアの防壁、それにフラウィウス朝以降ドナウ川と黒海を結ぶドブロジャ地方の土塁という線状の防衛施設が設けられていた。ライン川、ドナウ川、ユーフラテス川という河川の国境では、河川が天然の国境ではなかった。しかし、属州ラエティアと属州ダキアのあいだを流れるドナウ川は、実際は、帝国の河岸《リパ》であり、中流と下流で容易に渡河できるのは河水の凍結時のみであった。軍団の基地はすべて帝国側の河岸に建設されていて、艦隊が定期的に哨戒していた。シリア・アラビア・アフリカという属州は砂漠沿いにあったが、東方では砂漠はそれほど危険だと考えられてはおらず、緩やかな網目の「カーテン」で監視するだけで充分であった。どこでも、ずっとまえに建造された軍団用の要塞が防御の拠点となっていて、その周辺に地方のさまざまな防衛施設が整備された。国境地帯は平定され、併合された。最も強い外圧を受けていたのはドナウ川沿岸であるが、マルクス・アウレリウス帝以降、ローマ帝国はライン川やユーフラテス川の沿岸に住む従属部族に支えられていた。交易網が整備され、帝国の内と外の地域が結ばれた。ドナウ川の沿岸では、軍隊の駐屯によって都市が繁栄していた。突然の侵攻、北部イタリアまで達しローマ市自体に脅威を及ぼすますます激しい急襲、海上での攻撃、サハラ砂漠の境界地帯での新たな部族の移動、パルティアを滅ぼしたササン朝ペルシアの新たな攻勢がローマ帝国に襲いかかり、繰り返され、繰り返されるたびに過激化した。敵の捕捉は不可能と思われた。一見したところ戦利品や捕虜の獲得以外に目的がない、面喰わせる異例の戦争では、あちこちで略奪、放火、都市の攻囲に見舞われた。東方では、ササン朝ペルシアが軍事的秩序を回復しようとしたので、ローマとローマ皇帝が被害を蒙った。

敵は打ちあわせなしに、同時並行的に素早く作戦を展開する。帝国が苦境にあったので、突破口が開かれ、地方では侵略者側が自信をもつにいたった。侵略――略奪――内戦――大被害をもたらす急襲という破滅の循環が領土防衛および国境周辺の住民の統治に大打撃を与えた。皇帝たちは、敗戦の結果配下の兵士に殺害されたり、戦闘中に斃れたりした。というのは、皇帝は身を挺して範を示す必要があったからだ。アレクサンデル・セウェルス帝は、自分の優柔不断と懶惰《らんだ》の犠牲となった。駐ゲルマニア軍の兵士たちが謀反を起こし、この若き皇帝とその母親〔ユリア・ママエア〕を殺害して、マクシミヌス・トラクスを皇帝と宣言したからである（二三五年）。同帝に代って登位したゴルディアヌス三世は、ササン朝ペルシアのシャープール一世との戦いで負傷し、バグダッド西方四〇キロのメジシェで死亡した（二四四年）。デキウス帝は優秀な将軍であったが、ゴート族と戦い、アダム・クリッシのトラヤヌス帝の戦勝記念堂（ダキア人およびサルマタエ人のロクソラニ族の平定を記念して建立）の南西に位置する属州下モエシアのアブリットゥス（ブルガリアの現ラズグラド近郊）で斃れた（二五一年）。二六〇年、ウァレリアヌス帝がシャープール一世によってエデッサ（トルコの現サンウルファ南方）近郊で捕囚され、ガッリエヌス帝（ウァレリアヌス帝の子で、父とともに正帝）が何ら解放の努力をしなかったとき、ローマ帝国の混乱はその極みに達したと思われた。その結果、ポストゥムス帝の僭称によってガリア帝国（二六〇〜二六九年）が誕生した。ローマ帝国はその広さが仇となり、すべての前線で対抗できず、地方は切り捨てられる運命にあったようだ。メソポタミア、デクマテスの森（ライン川上流ドナウ川上流とゲルマニア＝ラエティアの防壁で囲まれた地域）、ダキアが失われた。

2　相互の無理解

長いあいだ、ローマ帝国は世界が不均斉であるという考えに甘んじていた。つまり、ローマによる支配は神々に望まれたものであったが、その一方で、統一を欠き、規律を守れない、要するに無視できる敵はそれほど恐るべき対象とは考えられていなかったからである。ストラボンの示唆によると『地理誌』七、一、四）、最も近くに住む種族に対しては、漸進的な統合、いや、はるかに優れたローマ文化の魅力に基づいた平和的な統合が約束されているかと思われた。これと異なる意見はあまり聞こえてこなかった。タキトゥスはゲルマン人と分離できさえすれば、ローマに真の安寧がもたらされる、と指摘したが、この警告は、他の警告と同じく、真剣に受けとめられていなかった。哲学の面では、腐敗し魂を欠く帝国社会の状況を見て、父祖の素朴で力強い徳に対する郷愁が生まれていた。この徳をそなえていたのは「蛮族」の方であった。しかし、「蛮族らしさ」はまた、文明生活やローマ帝国が市民の福祉や混沌の克服のために行なってきた努力の効用を証言していた。「蛮族らしさ」は一掃されなかった。帝国内部でひたすら蘇ろうとしていた。あらゆる手段を講じてローマの権威を回復すること、これが受けいれ可能な唯一の解決策と思われた。

当時の地図は地形を歪んだ形で表示しており、われわれの日には何ともひどい形に見えるため、この地図からは何も読みとることはできない。重要なのは、まず、実地検分、特定の部族や組織と直《じか》に接触した経験であった。したがって、手に入る情報は国境から離れれば離れるほど曖昧になった。系統的な踏査が行なわれていなかったからだ。これを証言しているのがタキトゥスである。彼が紹介する、ローマの支配に服していない自由ゲルマニアはほとんどエルベ川以東に及ぶことはなかったし、彼はまた騒乱を好む部族が北方または東方からひっきりなしに到来して移動し、つねに、脆い安定を攪乱していたことには触れていない。これら部族の移動は新たに始まったものではなく、三世紀に新たに大規模化したわけでもなかった。しかしながら、帝国の国境には、当時まで知られていなかった民族が到来していた兆しがある。「東ゲルマン人」として知られる民族（ゴート族、ヴァンダル族、ブルグンド族）は、比較的進取の気性に富んでおり、邪魔になった部族を追跡したり、排斥したりしていた。アリオウィストゥスがスエビ族（エルベ川以東のゲルマン人を漠然と指す言葉）を率いていた時代（カエサルがガリアを征服した時代）にすでに証言されていた諸々の慣行が続いているなか、部族内で移動を繰り返し、たえず混血して、西ゲルマン人の組織に影響を及ぼしていた。西ゲルマン人は効率よく防衛するため団結し、アラマンニ族やフランク族のように多少とも長続きする「連盟」を締結したり、サルマタエ族・イアジュゲス族・マルコマンニ族のように一時的に共同で行動したりした。王国の存在は、外部の部族の政治的適応を効率的に進める誘因として重要であった。ゲルマン人は進歩しておらず、部族に分かれたままで、いかなる点でもローマとの力関係は逆転しなかった、と力説されることがあるが、少々含みをもたせて考えるほうがよかろう。すなわち、三世紀、帝国の外側にいた民族はローマにとって代わろうとは考えてはいなかった。この事実は、これら民族がけっしてローマを弱体化させた原因ではなかったとか、みずからの急襲が及ぼす衝撃を意識していなかったということを意味するものではない。彼らはみずからが保有する戦力にふさわしい戦術を採用していた。二三八年、クニウァ王率いるゴート族は、ヘルニ族やアラニ族と同盟を結び、帝国のドナウ川国境地帯へ侵入した。ローマ人は「スキタイ戦争」（デクシップス〔三世紀のギリシアの歴史家・政治家〕）と表現した。これは、バルト海と黒海のあいだの地政学的データが変っていたことを知らなかった徴《しるし》である。東方とアフリカの砂漠地帯では、さまざまな変化が生じ、ローマ軍が慣れていたそれまでの均衡が妨げられた。バウァレス族〔マウレタニアやヌミディアの山岳部にいた半遊牧民〕のような新来の部族は、組織をさらに整えようと決意した部族（たとえばノバタエ族、ブレンミアエ族、マウリ族）の新たな行動に加わった。

ゲルマニア出身者を兵士として編入しても、ローマ人のゲルマン人に対する誤解は改められなかった。編成された部隊は非正規部隊《ヌメリ》の範疇に入れられた。この部隊は軍団の歩兵隊《コルホス》でも、騎兵隊《アラ》でもなく、敵方の戦闘形態に合わせて編成される補助軍であった。補助軍という慣行の起源は古い。第二次ポエニ戦争のとき、ヌミディア人とマウリ族の騎兵の例があるからだ。

三世紀に諸々の戦争が起こるまえ、皇帝たちは四方《よも》から来た使節を例外なく接受していたらしい。商人や釈放された捕虜も情報を提供していた可能性がある。ローマがこれら情報に基づいて危機が深刻でないと結論していたかのように、万事は進行した。ペルシア王国はパルティアを継承したと誤解されていた。従順で臆病であり、専制権力に服従するのに慣れた、奢侈で無気力な国民という既成概念は、新しい王朝が国力を強化したと考えたくない人たちを安堵させた。ササン朝ペルシアのシャープール一世は国威宣揚に成功したことで満足した。この皇帝は、ローマのように、最終的勝利を収めるのに不可欠な環境に恵まれていなかった。ローマ帝国は容赦なき戦いという考え方に固執し、ペルシアに対して優越的姿勢を維持するのに執着し、それに成功しているかと思われた。東方の問題に限らずこの姿勢を支配している精神、すなわち敗戦の拒否と征服の意志への回帰は、まったく意外なことに、休みなく帝国を保全・防衛することを目標としていた。この責務は超人的であった。この姿勢を讃えることは問題であるが、史料に基づくと、こういわざるをえない。

3　追放と歓迎

公式には、「蛮族」との妥協は問題外であった。村落が焼き払われ、捕虜の多くが奴隷とされ、住民は威圧されてもとの居住地へ戻された。タキトゥスによると、ローマ人は、帝国初期から、補助金を使って、ありもしない長期の安寧を買うことを躊躇《ためら》わなかった。一八〇年、ヘロディアヌス(1)の舌鋒の犠牲者であると同時にみずからの幻想に秘弄されたコンモドゥス帝は、公式の姿勢とは逆に、おそらくドナウ川の彼岸に属州マルコマンニの創設を検討していたと思われる父マルクス・アウレリウス帝の政策を追求して、むしろ定期的に小麦と兵員を提供するという忠誠の証《あか》しをえて妥協するほうを選んだ。念のため用心して、城砦の修復を計画したが、その成果は定かでない。軍事面では、ローマ軍は敵に対抗して、戦術や武器を戦況に適合させた。長期にわたる従軍で鍛錬された兵卒あがりの士官や下士官は、抵抗と報復の精神を吹きこんだが、この精神のためにかえって皇帝は損害を蒙り、勝利を逸した。ガッリエヌス帝の時代（在位：二五三〜二六八年）から、ローマ帝国は伝統的国境の管理にできるかぎり多くの兵力を維持しようとして、皇帝みずからの周辺に機動部隊《コミタトゥス》を編成した。この部隊は中核がしっかりとした、遠征のニーズに応じて戦術を再編成できる部隊もしくは分遣隊で構成されていて、緊急事態に即応して前線から前線へと移動した。これはまた、正統な皇帝にとっては、みずからたえず作戦行動をすることによって、兵士の支持を獲得しようとしているライバルたちの意気込みを挫く手段でもあった。いずれにしても、軍隊の再編成によって、ローマの再建が開始され、「蛮族」を帝国外へ追放する意思が強化された。イタリア北部が暫し安定していたので、ガッリエヌス帝はガリアの僭称帝ポストゥムス（在位：二六〇～二六九年）の追放を試みた。この僭称帝は、一時期、その役割と効果が大目に見られていたけれども、いまや帝国の利益に反するようになっていたからだ。

二六九年、クラウディウス二世（在位：二六八～二六九年）は属州上モエシアのナイッスス（セルビアの現ニッシュ）でゴート族を撃破した。アウレリアヌス帝（在位：二七〇～二七五年）がダキア地方からドナウ川南岸へ退却したことは、外来部族《エクステルニ》の攻撃をさらに効果的に防ごうとするとき避けられない損失を安定化させる効果があった。この皇帝は東方でパルミラの独立に終止符を打った。ローマ帝国はいかに抵抗しても、二七五年から二七六年にかけて起こった新たな襲撃を阻止することはできなかった。プロブス帝（在位：二七六～二八二年）は、皇帝に就任するや、軍事力の復旧を図った。

（1）三世紀初頭の東方生まれの下級役人。マルクス・アウレリウス帝からゴルディアヌス三世帝まで（一八〇年～二三八年）の歴史を記した『マルクス帝没後の歴史』八巻を著した〔訳註〕。

このプロブス帝はまた、帝国周縁の民を多数入隊させた皇帝である。危機の時代が到来するずっと以前から、ローマ帝国は外部の部族に依存していた。この現象を説明するのに、「抑留」という言葉を用いるのは適切ではない。というのは、採用された兵士は、俸給が支給され、ローマ人将校の指揮下に配置されていたからである。ライン川地域に駐屯するブリタニア人の一部隊にわざわざ用いられていた「降伏外人《デディティキ》」(1)という言葉の解釈は難しく、これ以外に使用例がない。おそらく、これら「アレクサンデル・セウェルスの降伏外人」(デディティキィ・アレクサンドリアニ)は、少なくとも形式上は、みずからの意思でアレクサンデル・セウェルス帝に降伏し、ローマを裏切らないと約束したのだろう。一般的な用語ではなかったのかもしれない。帝国外から徴用された兵士は退役後にローマ市民権が与えられる外人であった。国境警備のため配置されていたのは外人だけではなかったし、その外人も多かったわけではない。タキトゥスはブリタニアの補助軍に編入されたウシペテス族に言及している。アウグストゥス時代にライン川下流に定住したバタウィ族は、この地に定住するまえは、ゲルマニクスの軍隊に属していた。これら徴募された兵を修飾するのに用いられた「部族」の派生語「ゲンティレス」(「同部族の者」の意)という総称語は、マウリ族やブリタニア人に対しても用いられている。これらさまざまな部族は、どこにいてもローマの支配下にあり、庇護民のように皇帝の信義《フィデス》のもとにおかれていた。ローマ軍への入隊はこのような条件で行なわれていたのであって、つねに例外はあるけれども、もちろん条件は異ならなかった。一万六〇〇〇人のアラニ族をローマ軍に編入したり、ブリタニアの秩序回復をヴァンダル族に任せたりしたプロブス帝の選択(ギボンの『ローマ帝国衰亡史』一二章の記述が信頼できるならば)は、この観点から理解すべきである。「蛮族」を機動部隊へ編入したことは、三世紀では時代錯誤の措置であったと思われる。

（1）解放された戦争捕虜のこと。降伏外人はいかなる方法でもローマ市民になれず、アントニヌス勅法でも市民権を与えられなかった〔訳註〕。

蛮族をローマの補助軍で兵役に服させることは、蛮族を歓迎する方法にほかならなかった。三世紀後半の皇帝は、古来の慣行にならって蛮族を集団で帝国内に定住させた。アグリッパがウビイ族、ティベリウス帝がシカンブリ族に対して行なった定住政策と同じである。属州総督《レガトウス・アウグスティ》T・プラウティウス・アエリアヌス・シルウァヌス〔六〇～六六年（または六七年）の属州モエシアの総督〕は、ティブル（現ティヴォリ）の所有地に建造した墓廟に碑文〔ILS九八六〕を刻ませ、ネロ帝の時代にドナウ川対岸にいた一〇万人以上の住民を家族や指導者とともに属州モエシアへ渡河させたことを自負した。その見返りに、定住した蛮族は貢税に服した。この背景にはモエシアの征服と平定があり、それまで知られていなかった王たちが初めてローマに忠誠を誓った事実が強調されている。プラウティウス・シルウァヌスは、積年にわたる功績によって並外れた業績をあげた印象を与えている。しかし、一般的にいって、外交と何回かの威嚇だけで充分であった。移住政策の目的は、開発が問題になっている公有地に蛮族を定住させることであった。軍事危機の時代、どの蛮族も、ますます遠方で行なわれ、ますます大きな損害を帝国に与えている侵略から利益を得ようとは考えていなかった。先例を挙げることによって、あるいは以前に定住した一部の同族の者と再会したいと称して、ローマの領土への定住を希望する場合が多かった。ゲルマン人その他の入植者は屯田兵ではなかった。おそらく、かなり急速に徴兵の予備要員と化し、正規軍に編入されて、司令官が決めた任地へ出陣したのであろう。早まってローマ軍の「ゲルマン化」という表現を使うことは避けるべきである。いずれにせよ、ゲルマン化の内容を分析し、含みをもたせて考えるべきである。フランク族、カマウィ族、フリイシイ族、カルピイ族、ゲタエ族、バスタルナエ族、サマルタエ族が、北海から黒海まで、帝国の河岸の荒れ果てた領土に定住しはじめた。最近の映画〔二〇〇三年に封切られたフランスとカナダのケベック州合作の喜劇映画『蛮族の侵入』〕とは異なり、二三八～二八四年に起こった出来事を理解するのに、もはや「蛮族の侵入」という表現は使われなくなっている。明確な目的がないのに、ローマ帝国は執拗に攻撃されはじめた。帝国はそれに対して態勢を立てなおすのに時間を要し、抜本的に適応しなければならなかった。結果はすぐに出た。ローマは「外来部族」のかたわらで長いあいだ休止することになったが、休止中も警戒を怠ることはできなかった。

確かに、領土の拡大はローマの支配、その全面的支配には障害であった。課税問題および部族または宗教的対立を装った社会的暴力が発生したので、当局はちょっとした不穏な兆候にも注意していなければならなかった。皇帝たちは効果があるのは強行手段だけであると確信しており、自分の利益になると判断すれば、かならず容赦なく強行手段に訴えた。諸制度の継続、前代未聞の水準に達した都市計画、エネルギッシュなエリート、帝国内の利便性のよい交通は、平和で、お金を稼げる関係を助長した。皇帝礼拝は、すべての共同体に対しローマ帝国の出現を主導した神々の加護をもたらした。属州総督や属州に勤務する皇帝の補助職員は、軍団と一丸となって、つねに住民を統制できた。帝国には敵対者しかいなかったわけではない。友人や追従者しかいなかったわけでもない。タキトゥスは筋金入りのストア主義者として、何よりも諦観と失望を怖れていた。いずれにしても、タキトゥスは、帝国が内戦や分裂という褒められない状況に陥るたびに、自分の敵が帝国であることをはっきりと認識していた。消耗と疲労に対して、C・カヴァフィスは、詩で、蛮族が一つの解決策であると説いている[1]。ダイナミックで想像力に富んだ要素がなくなってしまっていたわけではない。権力が尊重されているかぎり、不可避の出来事は怖れるべきものではなかった。忍耐強く堅固に築かれた帝国が突如として瓦解するおそれはほとんどなかった。あらゆる類の不平等は、何もローマ社会やローマ化された社会に限られたものではない。遠心力は同じ方向へ引っ張ってはいなかった。地方自治、都市への愛着は、適応しつつ発展していった。不敗の世界的大国の一員であるという意識は、数々の試練を経て強化されていた。

（1）ローマ帝国が侵入してくる蛮族を懐柔することによって延命を図っていたことを指す（C・カヴァフィス（中井久夫訳）『カヴァフィス全詩集』みすず書房、一九九一年、二七〜三〇頁参照）〔訳註〕。

結論

ローマ帝国の歴史は生きており、今日《こんにち》的意義を有している。現代アメリカの帝国主義の存在は歴史的考察を促してはいるが、その原因でもなければ、そのモデルでもない。確かに、歴史家は、専門分野のいかんにかかわらず、眼前にあるものを無視できないが、歴史の悪用や歪曲を避けるためだけだとしても、距離をおき、相違点に着目する責務がある。歴史編纂は、研究を不毛にするおそれがあるが、歴史家の書いたものを批判しようとするのに役立っているときは、穏健と慎重さを教えてくれる。ローマ帝国の今日性は、その研究が、現在でも、好古研究《エリュディシオン》(1)（毎年、碑文やパピルスから新語が発見されるから、ラテン語やギリシア語は生きた言語である）や新領域の探索の面で、さらには解釈やその修正の面でも、歴史編纂の世界的傾向を示していることにある。

（1）古典古代では、過去に関する研究については、歴史そのものを記述する歴史の領域と、法律・宗教・言語・慣習などを研究しそのデータを集める好古研究の領域が区分されていた（アレクサンドル・グランダッジ（拙訳）『ローマの起源』（文庫クセジュ九〇二）三八～三九頁を参照）〔訳註〕。

ローマによる世界支配の歴史は、素晴らしい成功でも、不可避の失敗でもなく、何よりもまず、他の帝国に比べて例外的に長い期間継続したことによって生まれた。そのうえ、帝国という構築物を簡単に図式化することはできない。帝国は斬新で効率的な政府の形態を追及しようとして、過去の遺産と将来に対する予測を次から次へと不規則かつ不連続に配合し重ねあわせているからである。アウグストゥス帝が新しい組織をつくったことによって平和がもたらされたので、政治・社会・文化・宗教の面でさまざまな意表をつくような経験をするには好都合であった。近代国家、神に守られた君主政、自由の源泉である市民権の概念、公と私の問題、外国人の同化、法と正義の重要性、行政や軍事面での効率性の追求、統治の際の文書の組織的活用が証明しているのは、これらの芽が豊かな実をみのらせ、大きな影響を与えつづけ、いつの時代でも、ローマ史が魅力的であったことだ。二十一世紀のわれわれからみても、ローマ史はやはりエキゾチシズムに満ちている。ローマ帝国が包摂していた社会では、人と神の権能、幸福、運命、共同生活、進歩、慣行、経験に関する概念は、現在と同じではなかった。

本書で取りあげたのは、帝国支配の偉大な時代である。この時代、末期には深刻な脅威に見舞われたが、それを耐え抜き、勝利を収めることができた。帝国の内部でも外部でも、新しい勢力が何度も挑戦し、新しい権力や社会・政治組織の新しい形態を押しつけようとした。ローマがとった手法や日常生活の現実を見て、その支配を不当で耐え難いものだと紹介し、顔を背ける者もいた。短剣で背中を刺されることもなく、不治の病に苦しめられることもなく、ローマ帝国は、強力な統一の原則——実をいうと、統一の原則など時代錯誤であるが——をもたずに、きわめてゆっくりと滅びていったにすぎない。とくに、知られていた世界を永遠に支配するため古くから絶え間なく行なわれてきた競争の犠牲者として、おそらくまたその見返りに、共同体がもちつづけた自由に対する頑迷な愛着の犠牲者として、ローマ帝国は滅びたのである。

訳者あとがき

本書は、Patrick Le Roux, *L'Empire romain* (Coll.« Que sais-je ? » nº.1536, 2ème édition PUF, Paris, 2010) の全訳である。

初版が上梓されたのは二〇〇五年であるが、一昨年、早くも再版が出た。すでにイタリア語、トルコ語、ギリシア語、アラビア語に訳されており、そのほかの言語での出版も予定されているとのことである。

著者パトリック・ル・ル博士は、パリ第十大学（ナンテール）、トゥルーズ第二大学、レンヌ第二大学、パリ第十三大学（パリ・ノール）で教鞭をとったあと、二〇〇八年に定年退職し、現在パリ第十三大学の名誉教授である。一九七四年よりローマ碑文の速報で世界的に権威のある『碑文学年報』(l'Année épigraphique) の編集に参画、とくに一九九二年から一九九四年にかけて国立科学研究センター（CNRS）へ出向し、その編集の統括責任者を務めた。同氏の研究領域のキーワードは、ローマ碑文、ローマ時代のイベリア半島、ローマ化、ローマの軍隊である。主著としては、『ローマの軍隊とイベリア半島の属州——アウグストゥス帝から四〇九年の侵入まで』（一九八二年）、『スペインのローマ人——属州における都市と政治』（一九九五年）、『西方におけるローマ帝政前期――アウグストゥス帝からセプティミウス・セウェルス帝時代まで』（二〇〇三年）、『ローマ時代のイベリア半島――アウグストゥス帝からセプティミウス・セウェルス帝時代まで』（二〇一〇年）がある。

著者は、まず序文で、叙述の対象をローマ帝政前期（著者が示す下限はディオクレティアヌス帝登位の二八四年）に限定すると表明する。帝政後期（古代末期）で扱う史料が帝政前期のそれと根本的に異なるからだ。

ついで、第一章では、ローマの「元老院による共和政」がカエサルにより「帝国的共和政」に改変され、アウグストゥスによって「帝国的君主政」（モナルシ・インペリアル）が形成された過程が要領よく紹介され、そのあと簡潔に帝政前期の政治史が俯瞰される。次の章では、皇帝、首都ローマ、軍隊、属州行政を軸に、帝国の統治構造そのものをスケッチする。そのなかに出てくる皇帝の住居（宮殿）や職務に関する考察は類書であまり指摘されておらず、興味深い。そして第三章で、人口や社会階層、経済の動向、都市を核とした地方政治を論じる。この章の最後で、都市の住民、とくにエリートの祖国愛に関する心情を縷々述べているのが印象的である。最終章では、まず、著者がとくに関心をもち研究を続けているローマ化の問題を解説し、そのあと、帝国内部で発生した反乱、ならびに外来種族の侵入の問題を論じて筆を擱いている。

ここで、この書物の際立った特徴を挙げておこうと思う。帝政ローマ史の教養書というと、政治史を中心として皇帝の事績を年代順に叙述するのが普通である。しかし、本書は『ローマ帝国』と題されているものの、征服のエピソードは意識的に省略されており、もっぱらローマ帝国の政治・社会の枠組みそのものを概観しようとしている。二つ目の特徴は、類書が帝国の西方を中心に解説し、東方については、適宜触れるか、まったく等閑（なおざり）にしているのに対し、本書は小冊子でありながらも、帝国の東方の制度や状況に充分目配りをし、ほぼ東西を並列的に解説しようとしている点である。ラテン語圏とギリシア語圏をかかえたローマ帝国を総合的に理解しようとするとき、この視点が不可欠ではないかとかねがね思っていたが、教養書レベルで実現していただいたのはありがたい。

最後に、本書を読んで再認識させられたことが二つある。まずは、「ローマの平和（パックス・ロマーナ）」が喧伝されているため、帝政前期の前半が戦争や内戦と無縁であったかのような印象を与えているが、アウグストゥス帝がアントニウスとクレオパトラを破って帝政が生まれたあとの三世紀間、大小さまざまな戦争や内乱がほとんど絶え間なく続いていた事実である。毛沢東の名言「政権は銃口から生まれる」を捩《もじ》って、「政権は銃口で維持される」とでもいえるのではなかろうか。もう一つは、ローマ帝国は、すでに一世紀から、外部の部族と交流し、かれらに依存していたことである。いわゆる蛮族のローマ領への移住は、ローマ帝国の力が相対的に衰えてきたマルクス・アウレリウス帝の時代、あるいは三世紀の危機の時代から始まったのではなかったのである。以上の点は、二項対立的に叙述する歴史に対するアンチテーゼともいえる。

原著にはまったく注は付されていない。訳注は、簡単なものは〔　〕内に入れ、訳文中に示したが、長いものは、別にして、各文節の末尾に掲げた。また、原著に典拠が示されていないが、重要なものについては、〔　〕に括って補足しておいた。

本書の翻訳にあたっては、古代ローマ史を専門とされ、武蔵野音楽大学、中央大学などで教鞭をとっておられる志内一興氏に指導していただいた。いささか生煮えの原稿をお渡ししたのに対し、講義や研究でご多忙であるにもかかわらず、きわめて懇切丁寧にご指導いただいた。そのおかげで、著者の簡潔にしてテンポの速い含蓄ある叙述をより正確に把握することができたのではないかと思う。同氏の適切な助言、指導がなければ、読者の批判に耐えうる訳書とはならなかったであろう。この紙面を借りて深甚なる謝意を表したい。もちろん、本書に誤りがあるならば、それはすべて訳者の責任であることに変わりはない。

最後に、本書の上梓にあたっては、今回初めて白水社編集部の浦田滋子氏にお世話になった。原書にはない帝政前期の皇帝のリストや索引の追加を含め、出版や編集・出版の諸局面で随分ご苦労、ご面倒をおかけした。ここに厚く御礼申しあげる。

二〇一二年十月　所沢にて

北野　徹

関連年表

前四四年	カエサルの暗殺（三月十五日、イドゥスの日）
前三一年	アクティウムの戦い（九月二日）
前二七年	オクタウィアヌスと元老院間で属州を分掌（一月十三日）
	オクタウィアヌス、アウグストゥスという尊称を与えられる（一月十六日）
一四年	アウグストゥス、カンパニア地方のノラで逝去（八月十九日）
一四〜三七年	ティベリウス帝の治政（在位：一二六〜三七年、カプリ島隠棲）
一九年	ゲルマニクス、アンティオキアで死亡（十月十日）
三七〜四一年	カリグラ帝の治政
四一〜五四年	クラウディウス帝（前一〇年ルグドゥヌム生まれ）の治政
四三年	クラウディウス帝、ブリタニアを占領し、新属州を設置
五四〜六八年	ネロ帝の治政
六四年	ローマの大火（七月十九〜二十七日）
六八年	ウィンデックスがネロ帝に対して蜂起、ネロ帝自殺（六月九日）
六八〜六九年	ガルバ、皇帝に就任するも、翌年一月十五日に暗殺さる

六九年　四帝の年（ガルバ、オト、ウィテッリウス、ウェスパシアヌス）
六九～九六年　フラウィアヌス朝（ウェスパシアヌス帝、ティティウス帝、ドミティアヌス帝）
七九年　ヴェスヴィオ山の噴火（秋）
九六～九八年　ネルウァ帝の治政（ドミティアヌス暗殺のあと）
九七～一一七年　トラヤヌス帝の治政（属州バエティカのイタリカ出身、当初副帝（カエサル）、九八年一月二十八日に皇帝就任）
一〇二年と一〇六年　ダキアのデケバルス王に勝利し、ダキアを属州とする
一一七～一三八年　トラヤヌス帝の治政、ギリシャ文化を好み帝国を三回巡察
一三八～一六一年　アントニヌス・ピウス帝の治政
一六一～一八〇年　哲人皇帝マルクス・アウレリウス帝の治政、当初義弟ルキウス・ウェルスと共治（一六九年まで）、ついで実子コンモドゥスと共治（共治期間：一七六～一八〇年）
一六七年　ローマで疫病の流行が始まる
一八〇年　マルクス・アウレリウス帝、おそらく疫病がもとで逝去（三月十八日）
一八〇～一九二年　コンモドゥス帝の治政（一九二年十二月三十一日に暗殺さる）
一九三～二三五年　セウェルス朝（セプティミウス・セウェルス帝とその親族（カラカッラ帝、エラガバル帝、アレクサンデル・セウェルス帝））の治政、帝国を再建

二三五〜二八四年　軍人皇帝の時代—軍事的危機とゲルマンや蛮族の来襲（帝国の国力が衰退）
二八四〜三〇五年　最初の四分統治、ディオクレティアヌス帝とマクシミアヌス帝の退位（五月一日）
三一二年　ミルウィウス橋の戦い、コンスタンティヌス帝がマクセンティウス帝に勝利
三一二〜三三七年　コンスタンティヌス帝の治政、キリスト教に改宗（公式には三二四年）
三九一〜三九二年　テオドシウス一世（在位：三七九〜三九五年）、異教禁止の勅令を出す

帝政前期の皇帝

1　ユリウス=クラウディウス朝

アウグストゥス（前二七～後一四年）

ティベリウス（一四～三七年）

カリグラ（三七～四一年）

クラウディウス（四一～五四年）

ネロ（五四～六八年）

2　六九年の内乱

ウィンデックス（六八年）

ガルバ（六八～六九年）

オト（六九年）

ウィテリウス（六九年）

3　フラウィウス朝

ウェスパシアヌス（六九〜七九年）
ティトゥス（七九〜八一年）
ドミティアヌス（八一〜九六年）

4　アントニヌス朝

ネルウァ（九六〜九八年）
トラヤヌス（九八〜一一七年）
ハドリアヌス（一一七〜一三八年）
アントニヌス・ピウス（一三八〜一六一年）
マルクス・アウレリウス（一六一〜一八〇年）
ルキウス・ウェルス（一六一〜一六九年）
アウィディウス・カッシウス（一七五年）
コンモドゥス（一八〇〜一九二年）

5　一九三年の内乱

ペルティナクス（一九三年）

ティディウス・ユリアヌス（一九三年）

6　セウェルス朝

セプティミウス・セウェルス（一九三〜二一一年）
ペスケンニウス・ニゲル（一九三〜一九四年）
カラカッラ（一九八〜二一七年）
ゲタ（二〇九〜二一二年）
マクリヌス（二一七〜二一八年）
エラガバルス（二一八〜二二二年）
アレクサンデル・セウェルス（二二二〜二三五年）

7　軍人皇帝時代

マクシミヌス・トラクス（二三五〜二三八年）
ゴルディアヌス一世（二三八年）
ゴルディアヌス二世（二三八年）
プピエヌスとバルビヌス（二三八年）

ゴルディアヌス三世（二三八〜二四四年）
フィリップス・アラブス（二四四〜二四九年）
デキウス（二四九〜二五一年）
トレボニアヌス・ガルス（二五一〜二五三年）
アエミリウス・アエミリアヌス（二五三年）
ウァレリアヌス（二五三年）
ガッリエヌス（二五三〜二六八年）
クラウディウス二世（二六八〜二七〇年）
クィンティルス（二七〇年）
アウレリアヌス（二七〇〜二七五年）
タキトゥス（二七五〜二七六年）
フロリアヌス（二七六年）
プロブス（二七六〜二八二年）
カルス（二八二〜二八五年）
カリヌス（二八三〜二八五年）
ヌメリアヌス（二八三〜二八四年）

8　ガリア皇帝

ポストゥムス（二六〇〜二六九年）

ラエリアヌス（二六九年）

マリウス（二六九年）

ウィクトリヌス（二六九〜二七一年）

テトリクス（二七一〜二七四年）

9　復興の時代

ディオクレティアヌス（二八四〜三〇五年）

索引

「人名（書名）・神名」、「地名・国名・種族名」、「その他」に分類

●人名（書名）・神名

●地名・国名・種族名

●その他

政治体制・国家

中央行政機関・役職

99
執政官（コンスル）　13, 29, 31, 35, 57, 58, 60, 62, 77
首都長官（プラエフェクトゥス・ウルビ）　45, 51
水道局（クラ・アクアルム）　44
正帝（アウグストゥス）　39, 128
命令権（インペリウム）　29, 39, 44, 53
長官（プラエフェクトゥス）　57, 79
・エジプト〜　62
・食糧供給〜（プラエフェクトゥス・アンノナエ）　51, 62
・夜警消防〜（プラエフェクトゥス・ウィギルム）　45, 51, 58
特進（アドレクティオ）　79
副帝（カエサル）　39
法務官（プラエトル）　35, 58, 62, 79
友臣（コミテス）　33-34

属州の機関・役職

属州（プロウィンキア）
・元老院〜　57,60
・元老院管轄〜　56
・皇帝〜　57-60
・皇帝管轄〜　56
・公的〜（プロヴァーンス・ピュブリーク）　56-57
属州会議（コンキリウム、コイノン）　63, 114
属州の総督（属州総督）　62-63, 115-116
皇帝属州の総督　35, 59
・法務官相当の皇帝代行（レガトゥス・アウグスティ・プロ・プラエトレ）　59
・代行相当の管理官（プロクラトル・プロ・レガト）　58
プロコンスル　56-57

都市の種類と機関・役職

アルコン　97
外人の都市　94
キウィタス　93
競技会長（アゴノスティス）　97
クリア〔市民団の分割単位〕　99
公職就任負担金（スンマ・オノラリア）　100
財務官　60, 62, 79, 99
市場監督官（アゴラノモス）　97
自治市　94-96, 99
・ラテン権〜　94, 96, 99
・セウェルス朝の〜　96
自由市　94-95
将軍（ストラテゴス）　97
書記（グランマテウス）　97
植民市　68, 94-96, 120-121
・ラテン〜　94
・ローマ〜　95
造営官　99
体育場長（ギュムナシアルコス）　97
長老会議（ゲルシア）　98
デモス（区）　98
同盟市　94
都市参事会（オルド）　97-99
・〜員（デクリオ）　99-100
ヒュレ（部族）　98
評議会（ブレ）　96-98, 117
・〜議員（ブレウテス）　98, 100
ポリス　64-65, 93, 95, 98, 103-104, 111-112
町（ウィクス）　41
町役人（マギステル・ウィコルム）　44
民会（コミティア、エックレシア）　97
名望家　63, 66, 96, 99, 100-104, 113-114, 120
ラテン共同体　94

社会（身分と家庭）

経　済

建築・建造物

参考文献
（原書巻末）

意識的にフランス語の書籍と最近の概説書を優先させた。これらの著作によって、過去30年の本題に関する重要な論文と書籍を参照することができよう。

Andreau J., *Banque et affaires dans le monde romain, IVe siècle av. J.-C.-IIIe siècle apr. J.-C.*, Paris, Le Seuil, « Points H285 », 2001.

Beard M., North J., Price S., *Religions de Rome*, Paris, Picard, tr. fr., 2006 [1998].

Belayche N. (sous la dir. de), *Rome, les Césars et la Ville aux deux premiers siècles de notre ère*, Rennes, PUR, 2001.

Brèlaz C., *La sécurité publique en Asie Mineure sous le Principat (I^e-IIIe siècle apr. J.-C.). Institutions municipales et institutions impériales dans l'Orient romain, Bâle*, Schwabe Verlag, 2005.

Carrié J.-M., Rousselle A., *L'Empire romain en mutation des Sévères à Constantin, 192-337*, Paris, Le seuil, « Points H221 », 1999.

Chastagnol A., *Le sénat romain à l'époque impériale . Recherches sur la composition del'Assemblée et le statut de ses membres*, Paris, Les Belles Lettres, « Histoire », 1992.

Christol M., *L'Empire romain du IIIe siècle, Histoire politique, 192-325 après J.-C.*, Paris, Éd. Errance, rééd., 2006 [1997].

Chouquer G., Favory F., *L'arpentage romain. Histoire des texres, droit, technique*, Paris, Éd. Errance, 2001.

Coarelli F., *Guide archéologique de Rome*, Paris, Hachette Littératures, tr. fr., 2001.

Cosme P., *L'Armée romaine. VIIIe siècle av. J.-C.-Ve siècle apr. J.-C.*, Paris, A. Colin, Cursus, 2007.

Farrary J.-L., *À propos des pouvoirs d'Auguste, Cahiers du Centre Gustave Glotz*, 12, 2001, p.101-154.

Goldsworthy A., *Les guerres romains, 281 av. J.-C.-476 apr. J.-C.*, Paris, Éd. Autrement, « Atlas des guerres », tr. fr., 2001.

Humbert M., *Institutions politiques et sociales de l'Antiquité*, Paris, Dalloz, 6e éd., 1997.

Hurlet F. (sous la dir. de), *Rome et l'Ocident (IIe siècle av. J.-C.-IIe siècle apr. J.-C.). Gouvener l'Empire*, Rennes, PUR, 2009.

Inglebert H. (textes réunis par), *Idéologies et valeurs civiques dans le Monde romain. Hommage à Claude Lepelley*, Paris, Picard, 2002.

- *Histoire de la civilisation romaine*, Paris, PUF, Nouvelle Clio, 2005.

Jacques F. et Scheid J., *Rome et l'intégration de l'Empire, 44 av. J.-C.-260 apr. J.-C.*,

t. 1 : *Les structures de l'Empire romain*, Paris, PUF, « Nouvelle Clio », 1990.

Le Bohec Y., *L'armée romaine sous le Haut-Empire*, Paris, Picard, 3e éd. revue et augmentée 1998 [1989].

Le Roux P., *Le Haut-Empire romain en Occident d'Auguste aux Sévères*, Paris, Le Seuil, « Points H219 », 2e rééd., 2003.

-*La péninsule Ibérique aux époques romaines. IIIe siècle av. J.-C.-VIe siècle apr. J.-C., Paris*, A. Colin, coll. U, 2010.

Lepelley C., *Rome et l'intégration de l'Empire, 44 av. J.-C.-260 apr. J.-C.*, t. 2 : *Approches régionales du Haut-Empire romain*, Paris, PUF, «Nouvelle Clio », 1998.

Loriot X., Nony *D., La crise de l'Empire romain, 235-285*, Paris, Armand Colin, « U », 1997.

Mac Mullen (R.), *La romanisation à l'époque d'Auguste*, Paris, Les Belles Lettres, « Histoire », tr. fr., 2003.

Martin J.-P., Chauvot A., Cébeillac-Gervasoni M., *Histoire romaine* , Paris, Armand Colin, « U », rééd. 2009.

Mélèze-Modrzejwski L., *Les juifs d'Égypte de Ramsès II àHadrien*, Paris, Armand Colin, « Civilisations U », 1991.

Millar F., *The Emperor in the Roman World, 31 BC-337AD*, Londres, Duckworth, 2e éd., 1992.

Nelis-Clément J., *Les beneficiarii : militaires et administrateurs au service de l'Empire (1er siècle av. J.-C.-VIe siècle apr. J.-C.)*, Bordeaux, 2000 (Ausonius-Études, 5).

Nicolet C., *L'inventaire du monde. Géographie et politique aux origines de l'Empire romain*, Paris, Fayard, 1988.

Price S., *Rituals and Power. The Roman Imperial Cult in Asia Miner*, Cambridge, Cambridge University Press, 1984.

Richardson J., *The language of Empire. Rome and the ides of Empire from the Third Century BC to the Second Century AD*, Cambridge, CUP, 2008.

Sartre M., *L'Asie Mineure et l'Anatolie d'Alexandre à Dioclétien. IVe siècle av. J.-C.-IIIe siècle apr. J.-C*, Paris, Armand Colin, « U », 1995.

-*Le Haut-Empire romain. Les provinces de Méditerranée orientale d'Auguste aux Sévères*, Paris, Le Seuil, « Points H220 », 1997.

Scheid J., *La religion des Romains*, Paris, Armand Colin, 1998.

Tarpin M., Rome Fortunata. *Identité et mutations d'une ville éternelle*, Dijon-Quétigny, Éd. In Folio, 2001.

Van Andringa W., *La religion en Gaule romaine. Piété et politique (Ie-IIIe siècle apr. J.-C.)*, Paris, Éd. Errance, 2002.

Veyne P., *La société romaine*, Paris, Le Seuil, « Points H298 », 2001.

-*L'empire gréco-romain*, Paris, Le Seuil, 2005.

Woolf G., *Becoming Roman. The Origins of Provincial Civilization in Gaul*,

Cambridge-New York, Cambridge University Press, 1998.
- (éd. par), *Cambridge Illustrated History of the Roman World*, Cambridge, Cambridge University Press, 2003.

参考文献
（訳者による補足）

Ⅰ 通史
伊藤貞夫『古典古代史』，放送大学教育振興会，1995年.

クリス・カー『ローマ皇帝歴代誌』，青柳正規（監修），創元社，1998年.

桜井万里子／本村凌二『ギリシアとローマ』，中央公論社, 1997年.

Marie-Francoise Baslez et al., *Rome et l'Occident 197 av. J.-C.-192 ap.J.-C.*, Paris, 2010.

Paul Petit, *Histoire general de l'Empire romain*, Paris, 1974.

Ⅱ 人物史
ピエール・グリマル『アウグストゥスの世紀』，北野徹（訳），白水社文庫クセジュ, 2004年.

レモン・シュヴァリエほか『ハドリアヌス帝——文人皇帝の生涯とその時代』，北野徹（訳），白水社文庫クセジュ, 2010年.

Ⅲ 政治
伊藤貞夫『古典期アテネの政治と社会』，東京大学出版会，1982年.

井上 文則『軍人皇帝時代の研究——ローマ帝国の変容』，岩波書店，2008年.

志内一興「属州ヒスパニアの形成、『ローマ化』とヒスパニア先住民——コントレビア碑文を手がかりに——」『史学雑誌』，110-4, 2001年.

志内一興「ローマ帝国内の支配・被支配関係におけるコミュニケイションの機能」，（博士論文）, 2006年.

大清水裕「マクシミヌス・トラクス政権の崩壊と北アフリカ」『史学雑誌』，121-2，1~38, 2012年.

島田誠「元首政期ローマにおける都市類型と身分類型の関係について」『史潮』，新27 ,歴史学会，1990年.

島田誠「元首政ローマにおける都市と人の法的地位について——ラテン権とムニキピウムの関係を中心に——」『東洋大学紀要 教養課程編』35，1996年.

島田誠 「皇帝礼拝と解放奴隷」『岩波講座世界歴史５　帝国と支配　古代の遺産』，岩波書店，1998年.

島田誠「『神アウグストゥスの業績録』（Res gestae divi Augsti）の性格と目的」，『人文』4（2005），学習院大学人文科学研究所，2006年.

島田誠「帝政期イタリアにおける都市パトロン」『西洋古典学研究』38，1990年.

島田誠「ティベリウス政権の成立とその性格」『学習院大学文学部研究年報』第47輯，2001年.

島田誠「ローマ都市におけるパトロネジとエウエルジェティズム」『東洋大学紀要　教養課程編』32，1993年.
砂田徹『共和政ローマとトリブス制　拡大する市民団の編成』，北海道大学出版会，2006年.
南川高志『ローマ五賢帝――「輝ける世紀」の虚像と実像』，講談社現代新書, 1998年.
南川高志『ローマ五賢帝とその時代：元首政期ローマ帝国政治史の研究』，創文社，1995年.
弓削達『ローマ帝国の国家と社会』，岩波書店，1964年.
J.-P. Martin, *Les provinces romaines d'Europe centrale et occidentale, avant 31 J.-C. – 235 après J.-C.*, Paris, 1990.

Ⅳ 法律

志内一興「ローマ支配下ヒスパニアの都市法典」『地中海学研究』，2002年.
原田慶吉『ローマ法――改訂――』，有斐閣，1955年.
船田享二『ローマ法』全5巻，岩波書店，1968～1972年.
Julián González, The Lex Irnitana: A New Copy of the Flavian Municipal Law, *Journal of Roman Studies*, 76 (1986) pp.147-238.

Ⅴ 社会・経済

桜井万里子／師尾晶子『古代地中海世界のダイナミズム』，山川出版社，2010年.
島田誠「元首政期ローマ市民団と解放奴隷」『史学雑誌』95-3，1986年.
島田誠「ドムス・アウグスタと成立期ローマ帝政」『西洋史研究』新輯第33号, 2004年.
島田誠「'Italicus es an provincialis?――属州居住ローマ市民をめぐる試論――」『史学雑誌』97-7，1988年.
島田誠「ローマ帝国の王権――ローマ帝政の成立とその性格――」『岩波講座　天皇と王権を考える1　人類社会の中の天皇と王権』，岩波書店，2002年.
高橋秀「地中海世界のローマ化と都市化」『岩波講座世界歴史2地中海世界』，岩波書店，1969年.
長谷川博隆『古典古代とパトロネジ』，名古屋大学出版会，1992年.
本村凌二「パンとサーカス――地中都市における民衆文化のひとつの原像として」『地中海学研究』9，7-14，1986年.
本村凌二『薄闇のローマ世界』，東京大学出版会，1997年.
本村凌二「ローマ帝国における貨幣と経済――三世紀「通貨危機」をめぐる研究動向」『史学雑誌』，88-4,1979年.
弓削達／伊藤貞夫編『古典古代の社会と国家』，東京大学出版会，1977年.
弓削達／伊藤貞夫編『ギリシアとローマ：古典古代の比較史的考察』，河出書房新社，1988年.
歴史学研究会編『幻影のローマ：「伝統」の継承とイメージの変容』（シリー

ズ歴史学の現在 11），青木書店，2006年.
Frier, B. W., "Demography", *The Cambridge Ancient History* , 2nd ed., 2000, 787-816.

Ⅵ 事典・地図

長谷川岳夫／樋脇博敏『古代ローマを知る事典』，東京堂出版，2004 年.
Barrington Atlas of the Greek and Roman World , Princeton University Press, 2000.
The Oxford Classical Dictionary, 4th ed., Oxford, 2012.

訳者略歴
北野徹（きたの・とおる）
一九三八年生まれ。一九六二年東京大学法学部卒。
一九七〇～七二年フランス留学（帝人株式会社より派遣）。
TIS㈱取締役、日本ケーブル・アンド・ワイヤレス
CSL㈱常務、TIS㈱監査役、㈱TIS東北ソフト
ウエアエンジニアリング社長を歴任。
現在、㈲エクステリア総合研究所社長。
主要訳書
P・グリマル『ローマの古代都市』（白水社文庫クセジュ七六七番）
P・グリマル『アウグストゥスの世紀』（白水社文庫クセジュ八七二番）
P・グリマル『古代ローマの日常生活』（白水社文庫クセジュ八八五番）
A・グランダッジ『ローマの起源』（白水社文庫クセジュ九〇二番）
クリスティアン＝ジョルジュ・シュエンツェル『クレオパトラ』（白水社文庫クセジュ九一五番）
P／プティ／A・ラロンド『ヘレニズム文明』（白水社文庫クセジュ九一八番）
レモン・シュヴァリエ／レミ・ポワニョ『ハドリアヌス帝』（白水社文庫クセジュ九四五番）
D・マクレガー『プロフェッショナル・マネジャー』（共訳、産業能率短期大学出版部）

ローマ帝国
帝政前期の政治・社会

二〇一二年一一月五日 印刷
二〇一二年一一月三〇日 発行

訳者 © 北野 徹
発行者 及川直志
印刷所 株式会社 平河工業社
発行所 株式会社 白水社

東京都千代田区神田小川町三の二四
電話 営業部〇三（三二九一）七八一一
編集部〇三（三二九一）七八二一
振替 〇〇一九〇―五―三三二二八
郵便番号一〇一―〇〇五二
http://www.hakusuisha.co.jp
乱丁・落丁本は、送料小社負担にてお取り替えいたします。

製本：平河工業社
ISBN978-4-560-50974-6
Printed in Japan

文庫クセジュ

歴史・地理・民族（俗）学

文庫クセジュ

831 クローヴィス
834 プランタジネット家の人びと
842 コモロ諸島
853 パリの歴史
856 インディヘニスモ
857 アルジェリア近現代史
858 ガンジーの実像
859 アレクサンドロス大王
861 多文化主義とは何か
864 百年戦争
865 ヴァイマル共和国
870 ビザンツ帝国史
871 ナポレオンの生涯
872 アウグストゥスの世紀
876 悪魔の文化史
877 中欧論
879 ジョージ王朝時代のイギリス
882 聖王ルイの世紀
883 皇帝ユスティニアヌス
885 古代ローマの日常生活

889 バビロン
890 チェチェン
896 カタルーニャの歴史と文化
897 お風呂の歴史
898 フランス領ポリネシア
902 ローマの起源
903 石油の歴史
904 カザフスタン
906 フランスの温泉リゾート
911 現代中央アジア
913 フランス中世史年表
915 クレオパトラ
918 ジプシー
922 朝鮮史
925 フランス・レジスタンス史
928 ヘレニズム文明
932 エトルリア人
935 カルタゴの歴史
937 ビザンツ文明
938 チベット

939 メロヴィング朝
942 アクシオン・フランセーズ
943 大聖堂
945 ハドリアヌス帝
948 ディオクレティアヌスと四帝統治
951 ナポレオン三世
959 ガリレオ
962 100の地点でわかる地政学
964 100語でわかる中国
966 アルジェリア戦争
967 コンスタンティヌス

文庫クセジュ

哲学・心理学・宗教

文庫クセジュ

835 セネカ
848 マニ教
851 芸術哲学入門
854 子どもの絵の心理学入門
862 ソフィスト列伝
866 透視術
874 コミュニケーションの美学
880 芸術療法入門
881 聖パウロ
891 科学哲学
892 新約聖書入門
900 サルトル
905 キリスト教シンボル事典
909 カトリシスムとは何か
910 宗教社会学入門
914 子どものコミュニケーション障害
927 スピノザ入門
931 フェティシズム
941 コーラン
944 哲学
954 性倒錯
956 西洋哲学史
958 笑い
960 カンギレム
961 喪の悲しみ
968 プラトンの哲学

文庫クセジュ

社会科学

357 売春の社会学
396 性関係の歴史
483 社会学の方法
616 中国人の生活
654 女性の権利
693 国際人道法
717 第三世界
740 フェミニズムの世界史
744 社会学の言語
746 労働法
786 ジャーナリストの倫理
787 象徴系の政治学
824 トクヴィル
837 福祉国家
845 ヨーロッパの超特急
847 エスニシティの社会学
887 ＮＧＯと人道支援活動
888 世界遺産
893 インターポール
894 フーリガンの社会学
899 拡大ヨーロッパ
907 死刑制度の歴史
917 教育の歴史
919 世界最大デジタル映像アーカイブ ＩＮＡ
926 テロリズム
933 ファッションの社会学
936 フランスにおける脱宗教性の歴史
940 大学の歴史
946 医療制度改革
957 ＤＮＡと犯罪捜査

文庫クセジュ

芸術・趣味

文庫クセジュ

語学・文学